Ueli Ott

Tragfähige Frömmigkeit

Ueli Ott

Tragfähige Frömmigkeit

Woran halte ich mich heute?

Blaukreuz-Verlag Bern

Für Daniel, Michael und Lukas

© by Blaukreuz-Verlag Bern
Das auf dem Umschlag abgebildete Fenster «Hören»
von Felix Hoffmann wurde von Gerhard Howald, Bern,
fotografiert
Gestaltung des Umschlages: Wilhelm Gerber
Fotolithos: Busag AG Niederwangen
Druck: Graf-Lehmann AG Bern

ISBN 3 85580 085 5

Warum der Autor zur Feder greift

Behütete Kindheit

Dieses Büchlein ist der Gruß eines Menschen des zwanzigsten Jahrhunderts an andere Menschen dieser Zeit. Ich bin während des Zweiten Weltkrieges in der Schweiz aufgewachsen und zur Schule gegangen. Im verträumten Kleinstädtchen meiner Kindheit waren wir elf Kinder in insgesamt sechs Schulklassen. See, Wald, Wiesen und Gärten bildeten unser Reich. Zur Bahnstation brauchten wir eine halbe Stunde Weg. Kaum die Namen der nächsten Ortschaften wußte ich. Bäume, Tiere und Pflanzen mit ihrem Geruch, ihrer Farbe und ihrer Gestalt waren unsere Vertrauten.

Der an die Wand gemalte Zürcher Löwe neben der Kanzel, in der uralten Kirche mit dem dreieckigen Grundriß, war sonntags ein heimlicher Bekannter. Die Winkel in den Häusern, das Pfeilbogenschießen aus den Schießscharten der alten Stadtmauern; der am Samstagabend trompetenblasende Schloßherr, der Schulsilvester und das erste auswendig mitgesungene Lied an der Schulweihnacht in der kerzenerleuchteten Kirche; die alten Kirchenglocken unten im Hause, mit deren Klöppeln man läuten konnte – all dies sind bleibende Erinnerungen.

Dann macht der Vater plötzlich im Garten Zielübungen mit einem Gewehr und geht zur «Ortswehr». Sein Gesicht läuft sichtlich rot an, wenn er aus dem neuen Gerät, dem Radio in der Wohnstube, die Reden eines laut schreienden Menschen anhört. Schließlich eröffnet er mir, daß er wahrscheinlich auch auf der schwarzen Liste derjenigen sei, die jener Schreiende, wenn er unser Land bekäme, an die Wand stellen oder hinter Stacheldraht sperren würde.

Später wird unser Pfarrland zum Acker umgegraben. Kartoffelbrocken stecken im Brot, und eine Orange ist an Weihnachten eine Sensation. Milch wird kostbar. Offiziere logieren im Haus. Über meinem Bett hängt eine Postkarte mit dem Bild des Generals und daneben das Konterfei eines Basler Theologieprofessors, der «Mut habe», wie der Vater sagt. Mir machte er im übrigen Eindruck, weil er so lustig mit den Backen wackeln und Tierstimmen nachahmen konnte.

Stadtluft und Umbruch

Vier Jahre später, 1943, ziehen wir in die größte Schweizer Stadt, ins «Arbeiterviertel». Wir sind vierzig Kinder in einer einzigen Schulklasse. Zwei Dreizimmerwohnungen in einer Mietskaserne geben das väterliche Pfarrhaus ab. Sie sind so dünnwandig gebaut, daß es von unten pocht, wenn ich oben meine Aufzieheisenbahn rattern lasse. Ein vom Landlehrer zum Abschied geschenktes Tännchen fristet neben zwei Schnittlauchstöcken auf dem kleinen Balkon ein tristes Dasein. Ziemlich alle Straßenspiele sind verboten. Nur im strengen Winter fahren wir auf den autofreien Straßen Schlittschuh.

Grau in grau stehen die Häuser, zuschandengestutzt die Kastanienbäume am Straßenrand. Selten pfeift wenigstens eine Amsel im Stadtpark. In der Schule trinken wir «Pausenmilch» und essen «Pausenäpfel». Der Lehrer erzählt im Schulfach Religion Hauffs «Gespensterschiff». Hie und da sinken Kriegsnachrichten ins Schülerbewußtsein. Aber erst im ersten Gymnasiumsjahr, wie wir am Straßenrand stehen und dem englischen Premier Churchill mit Schweizer- und Englandfähnchen zuwinken, weil er in der Vaterstadt eine «europäische Rede» halten kommt, weitet sich unser Horizont ein wenig.

Generation dazwischen

Und heute? Als Angehöriger der Vierzig- bis Fünfzigjährigen fühle ich mich in einer Generation dazwischen. Wir haben einen umfassenden Umbruch erlebt und müssen ihn irgendwie verkraften oder begangene Fehler auslöffeln. Ich bin zu alt, um ganz neu und ganz anders zu leben. Ich bin zu jung, um mich abseits zu begeben und zurückzuziehen. Ich fühle mich als Angehöriger einer «kritischen Generation». Wir stecken nicht mehr im Alten und sind noch nicht im Neuen daheim. Mit wachem Bewußtsein habe ich das Gefühl, die Errichtung der paar ersten Funk- und Positionslichter einer anderen Zeit mitzuerahnen. Aber dann werde ich zu alt sein, um noch voll zu erleben, wo denn das alles landet, was wir heute auslösen.

Welthorizont mit Zukunft?

An meinen drei Söhnen wird mir der ungeheure Umbruch täglich bewußt. Schon als kleines Kind hat mich der erste gefragt, ob denn wir Schweizer auch Bomben herstellen und auf wen wir diese herunterlassen. Der zweite hat im selben Alter, da ich mich kaum für die benachbarten Ortsnamen interessierte, ein Mondmodell und den Erdglobus vor sich und weiß Bescheid über Umwelt- und Entwicklungsfragen. Und der dritte sammelt als Viertkläßler Glas und Aluminium im Haushalt wieder ein, um es bei der öffentlichen Sammelstelle der Wiederverwertung zuzuführen.

Ihre Welt ist der ganze Kosmos, der ganze Erdball geworden. Das gemeinsame Schicksal aller Rassen und Kulturen, ja aller Lebewesen zusammen, treibt sie um. Während sie mitten im Reifungsprozeß stehen, fragen sie mich und meine Generation sehr direkt danach, wo denn da noch eine Zukunft sei. Welche Welt gebe ich ihnen weiter? Wofür setze ich mich ein? Wofür lebe ich? Welche Überzeugungen und Grundlinien bestimmen und tragen mich? Ich muß gestehen, daß ich hier aufs tiefste nach meiner Frömmigkeit, das heißt nach der Realisierung meines Glaubens, nach seinem sichtbaren Ausdruck gefragt werde. Und darauf versuche ich im folgenden zu antworten. Gleichzeitig lade ich den Leser ein, diesen Weg mitzugehen und zu versuchen, auf seine eigene, persönliche Weise ebenfalls zu antworten.

8

Frömmigkeit heute?

Ich werde den Eindruck nicht los, daß hinter uns eine Epoche der inneren Aushöhlung, des Schwundes am inneren Menschen liegt. Wir stecken zwar nicht mehr mitten drin, aber die Folgen beginnen wir besonders stark zu spüren. Es hat ein solcher Kahlschlag an Gefühlswerten, an Religiösem, an Glaubensinhalten stattgefunden, daß zum Beispiel meine Matur- und Studienkollegen in andern Berufsrichtungen seinerzeit relativ verlegen bis hilflos reagierten, als da Kameraden waren, welche ausgerechnet den «unmöglichen» Beruf des Pfarrers ergreifen und Theologie studieren wollten.

Ich stellte lange Zeit bei gleichaltrigen, mir im Lebensgefühl ähnlichen Mitmenschen, insbesondere auf der Männerseite, eine erschütternde Ahnungslosigkeit in ethischen und religiösen Fragen fest, so, als wären sie innerlich beim Schulaufsatz stehen geblieben. Dabei hatten sie in ihrem Beruf oft außerordentlich tiefe und komplizierte Kenntnisse und wußten über sehr vieles Bescheid. Aber Religion war auf ein wenig Moral zusammengeschmolzen.

Seit der Geschichtsepoche, welche «Aufklärung» genannt wird, seit der beginnenden Industrialisierung, das

9

heißt etwa seit zweihundert Jahren, ist unser menschlicher Verstand überbewertet worden. Andere Kräfte in uns sind unterdessen verkümmert. Der isolierte Verstand ließ sich offenbar am intensivsten in Westeuropa einsetzen und hat zu der primitiven Vulgärmeinung geführt: Was nicht rational erklärbar ist, existiert nicht.

Wir sehen heute immer deutlicher, wie unhaltbar, ja lebensgefährdend solch einseitige Betonung und solch eindimensionales Ausleben unseres Verstandes geworden ist. Droht seine Verbindung zur Vernunft verloren zu gehen? Steht er mit Gewissen, Verantwortung und inneren oder tieferen Werten noch in gutem Kontakt? Eine verhängnisvolle Trennung droht hier um sich zu greifen. Wir sind keine ganzheitlichen Wesen mehr. Das fehlende Schritthalten unseres Herzens mit der äußeren Entwicklung ist offensichtlich geworden.

Menschlich Unmenschliches

Ich weiß nicht, welche Bezeichnung unser Jahrhundert einmal tragen wird. Mich will dünken, es gehe an seinem Ende ein sehr unsicher gewordener Mensch um. Der Glaube an uns selber, der naive Fortschrittsglaube, die Meinung vom menschlich Machbaren ist uns gründlich abhanden gekommen. Mit dem Einsatz allen guten Willens, aller menschlichen Kräfte, aller Erziehungs- und Bildungsarbeit will es nicht gelingen, zu verhindern, daß wir zu beidem, zum Guten und zum Bösen, fähig bleiben.

Daß wir es doch noch schaffen würden, diese Welt immer edler, besser, glücklicher werden zu lassen, ist eine Phrase, vor der wir uns in Scham verhüllen. Der Wachstumsphase auf allen Gebieten ist auch im alten Europa der Rückschritt gefolgt. Immer noch bedroht der Mensch den Menschen. Die Frage kommt aus der Nachkonjunktur auf mich zu: Woran halte ich mich heute?

Wegmarken zur Mitte

Wir Westeuropäer sind sehr stark nach außen orientiert. Unsere verplante Zeit fordert uns so viel Gegensätzliches im selben Augenblick ab, daß wir dringend Stellen der Entlastung, Orte der Besinnung und der Stille benötigen. Die Hektik und zugleich Kompliziertheit unseres europäischen Alltags in Familie, Arbeit, Wirtschaft und Gesellschaft könnte ja auch bloß ein einziger Leerlauf, ein Fallen ins Unendliche oder gar in die Katastrophe sein. Weltkollaps. Das künstliche Modell, das der Mensch schuf, platzt wie eine Seifenblase. Ich möchte Richtlinien, Leitbilder finden, die mich als homo sapiens, als «weisen Menschen», zu einem sinnvollen Teil des Weltganzen, zu einem Geschöpf unter anderen Geschöpfen machen.

Was ich persönlich suche, ist jene Stelle der Hoffnung, jene Mitte meines Lebens, von der aus ich standhalten und atmen kann; und das mitten in den Problemen meiner Epoche. Ich möchte die Augen offen behalten. Ich möchte mitten auf unserem Erdboden, mitten in unserem Kontinent, in meinem Falle also in der heutigen Schweiz bleiben. Aber ich möchte nicht einfach alles treiben lassen.

Was ich suche, ist ein Ort der Geborgenheit, der mich Atem holen läßt: einen langen Atem für die kommende Zeit. Unabhängig von meiner augenblicklichen Lage. Unabhängig, ob ich Erfolg oder Mißerfolg habe, ob ich hoch oder tief gestimmt bin. Wie ich mich auch entscheide, mitten im Wandel und Wirbel der Erkenntnisse und Erfordernisse brauche ich jemanden, der zu mir hält. Mir tut als heutigem Menschen, der oft den Wind gegen sich hat, die bedingungslose Zuwendung eines andern not. Ich bin liebebedürftig, gerade wenn ich nicht aus und ein weiß.

Vor allem: Solches muß für mich sicherer sein als alles Menschliche. Auch im Tod möchte ich mich darauf verlassen. Mit all meinem Versagen, Zweifeln und Scheitern möchte ich mich darin bergen. Ich brauche viel Hoffnung und Verständnis. Und zuinnerst brauche ich jemanden, der mir sagt, was für mich gut ist. Zu dem ich aufblicken kann. Dies ist die offene Frage meiner Zeit:

Ob Frömmigkeit nur ein Selbstgespräch unter uns Menschen ist. Oder ob da Antwort kommt. Antwort an uns Menschen des sich neigenden zwanzigsten Jahrhunderts. Antwort und Wegweisung. Ich möchte zuhören. Zum zweitenmal bin ich nach meiner Frömmigkeit gefragt. Diesmal aber nach ihrem Inhalt.

Tragfähige Frömmigkeit

Gefäß und Inhalt

Meine Frömmigkeit ist etwas sehr Persönliches. Sie wächst aus meinen Erlebnissen und Erfahrungen. Sie gehört zu mir wie ein Kleid. Solange ich lebe, wird sie sich verändern. Aber ich brauche dieses Kleid. Ich muß meinen Glauben äußern können. Auf meine Weise, allein und mit andern zusammen. In immer wieder anderen Ausdrucksformen, mit Wort, Lied, Bild und Gebärden drücke ich meine Hoffnung aus. Im Reden und Tun versuche ich immer wieder neu, jene Stelle aufleuchten zu lassen, die mich hält.

Ich gebe weiter, was ich empfangen habe. Ich drücke aus, was mich bewegt. Frömmigkeit ist mein eigener Hinweis auf den, der meinem Leben Sinn gibt, auf Gott. Ein menschlicher, lebendiger, lebenslanger Hinweis. In hohen und tiefen Zeiten, im Denken und Fühlen, in Erfüllung und Verzicht, in Freude und Trauer, in Erfolg und Mißerfolg – immer und überall ist meine Frömmigkeit der Versuch, Antwort zu geben dem, der mich geschaffen hat. So geht sie durch mein ganzes Sein, Fühlen und Erleben hindurch.

Ich bin froh, daß sie nur Gefäß ist. Es ist ihre höchste Würde und ihre höchste Bescheidung zugleich. Ihr Inhalt kommt nicht aus ihr, sondern anderswoher. Ich muß nicht auf mich hinweisen. Ich darf mich öffnen für einen andern. Jemand kommt mir entgegen.

Leben und Lehre

Ich bin ein ganzheitlicher Mensch. Kopf und Herz, Seele, Geist und Leib durchdringen sich. Meine Frömmigkeit ist in meinem ganzen Sein zu Hause. Bald ist mehr der Kopf beteiligt und will mit seinem Verstand etwas ganz genau wissen. Bald läuft mir das Herz mehr über und will seine Freude äußern. Bald möchte ich mit einer spontanen Bewegung sagen, was mich erfüllt. Alle Sinne sind beteiligt, der ganze Mensch will antworten.

Der Kopf versucht es mit Buchstaben und Worten. Das Herz gibt Bilder, Gefühle und Geschichten von sich. Der Körper erfindet Gesten, Bewegungen und Tänze. Frömmigkeit hat unendlich viele Wege und Formen, in welchen sie über sich hinauszuweisen und ihre Erfahrungen mitzuteilen versucht, jeden Tag neu und anders. Je nach Stimmung, je nach Lebenslage suchen Kopf, Herz und Leib eine andersartige Mitteilung.

Jede Mitteilung aber bleibt weit hinter der Erfahrung zurück. Das nachträglich geschilderte Erlebnis leuchtet in meiner Nacherzählung nur sehr andeutungsweise auf. Einen nur gemalten Apfel kann keiner essen. Ein Bericht ist nie das Ereignis selber. Trotzdem muß ich Wege suchen, mich mitzuteilen. Und ich bin froh, wenn ich am Erleben anderer teilnehmen darf durch das, was sie mir davon erzählen und zeigen.

Wenn ich einen Gedanken, ein Erlebnis festhalten will, muß ich ihn aufschreiben, zeichnen oder singen, in Gestik und Bewegung ausdrücken. Mein Gesicht gibt eine Stimmung wieder. In einem Wort oder Satz versuche ich zusammenzufassen, was ich erlebt habe. Ein Symbol oder Zeichen, eine Melodie oder ein Tanz spiegelt wider, was in mir vorgeht, was ich erkannt habe. Mit der Zeit prägen sich Kernstücke meiner Erfahrung tiefer in mir ein, sie werden mir innerer Besitz. Sie gehören zu mir.

Die ganze Bibel ist voll solcher Erfahrungsberichte. Ereignisse, Erlebnisse von Menschen werden weitererzählt. Mit der Zeit werden sie aufgeschrieben. Eine ganze Buchkultur entsteht. Eine ganze Musik- und Liedkultur dazu. Eine Kultur von Zeichen und Symbolen, von Bildern und Plastiken.

Menschen erleben etwas mit Gott. Sie teilen das Empfangene, Gehörte und Vernommene mit. Jeder auf seine Weise. In allen Kulturen und Sprachen. Eingebettet in ihre jeweilige Zeit. In Umrissen kommt mir in diesen Zeugnissen der entgegen, auf den sie hinweisen möchten. Eine ungeheure Vielfalt von antwortender Frömmigkeit.

Ich staune über die Großzügigkeit jener Menschen, die sich in einer einzigen Erfahrung als Bruderschaft wußten, die in einem einzigen Satz ihre Gemeinsamkeit ausdrückten und im übrigen die verschiedensten Varianten von Frömmigkeit sich entfalten ließen. Ich meine die Menschen des Neuen Testamentes und ihre gemeinsame «Lehre»: «Jesus ist Herr!» (anstelle von: «Der Kaiser ist Herr!»).

Durch die Jahrhunderte hat sich diese Erfahrung in die sublimsten und verschiedensten Verästelungen entfaltet. Daß unser Schreiben und Reden, unser Singen und Zeichnen immer nur ein menschlicher Versuch ist, Hinweis auf einen Größeren zu sein, das bewahrte und bewahrt unsere Frömmigkeitsformen vor Erstarrung. Ich glaube nicht an meinen Glauben. Ich glaube nicht an meine Frömmigkeit. Ich glaube nicht daran, daß meine Mitmenschen ihren Glauben wie ich ausdrücken müssen. Ich setze mein Vertrauen in den, der quer durch alle Frömmigkeit hindurch mich erreichen will. Darüber staune ich. Das versuche ich in immer neuen Anläufen auszudrücken, so gut oder so schlecht ich es eben mit meiner Art kann.

Mein Weg – dein Weg – unser Weg

Ich kann Erfahrungen nur auf meine Weise, auf meinem Weg machen. Es gibt deshalb viele Frömmigkeitswege. Was habe ich in meinem Leben nicht alles von den Glaubenswegen anderer Menschen gelernt! Wie oft hat mir ein Mitmensch durch seine Worte, durch seine Bilder, durch seine Lieder oder Erzählungen die Türe zu einem Bibelwort, die Türe zu einer neuen, besseren Erkenntnis Gottes geöffnet. In großer Dankbarkeit lebe ich von dem Suchen anderer nach Antwort und Lebenssinn. In meiner «stillen Zeit» freue ich mich jeden Tag darauf, bei der eigenen Bibellektüre mich in die Erfahrungen und Einsichten anderer Menschen einfügen und einhüllen zu können.

Auch ein Gebet aus alter Zeit, ein neues Lied, die

Auslegung eines Bibelwortes, ein Werk der Malerei oder das Gedicht eines Schriftstellers, ein Laienspiel, der Blick einer Holzplastik, ein dogmatischer Satz, der Wandspruch an einem alten Bauernhaus oder unter einer Sonnenuhr und noch vieles andere hat mir geholfen.

Mein Weg ist eine persönliche Form und Ausprägung. Zum Glück gibt es daneben andere Wege. Es sind Frömmigkeitsformen anderer Menschen, auch anderer Kulturen. Ich selber bin tief ins westeuropäische Abendland und ins zwanzigste Jahrhundert eingebettet. Oft trifft mich etwas aus einer früheren Zeit unmittelbar, etwas anderes ist mir nur schwer zugänglich. Ein Mitmensch ist gerade dort besonders daheim und fühlt sich verstanden, wo ich Mühe habe. Da und dort stoßen wir auf Gemeinsames, manchmal an überraschenden Orten.

Ich bin darauf angewiesen, daß mein Mitmensch meinen Weg anerkennt. Er ist darauf angewiesen, daß ich seine Glaubensform achte. Sonst nehmen wir uns gegenseitig den Atem zum Leben. Sonst richten und urteilen wir mit unsern menschlich befangenen Möglichkeiten übereinander und tun uns Unrecht. Ich bin froh, daß ein anderer urteilt. Ich staune in sein überraschend anderes Urteil hinein und bitte ihn immer wieder, uns in der verwirrenden Fülle den gemeinsamen Weg finden zu lassen.

Tragfähig

Ich muß in der heutigen Zeit meinen Glauben ausdrükken. Wir müssen Frömmigkeitsformen für unsere Gegenwart finden. Keine allgemeinen Wahrheiten, sondern konkrete, praktische Möglichkeiten für uns heutige Menschen. Ganz schlicht: Was trägt mich durch diese Zeitepoche hindurch? Was hält stand?

Ich lebe in einer Zeit voller Höhepunkte und Abgründe. Beides ist dicht beisammen. Wissenschaft und Technik haben eine künstliche Welt entstehen lassen, die von manchen Zeitgenossen als «achter Schöpfungstag» empfunden wird. Die verschiedensten Ereignisse werden mir in Windeseile durch die Nachrichtenkanäle gemeldet. Vieles kenne ich nur durch Vermittlung anderer.

Oft stürmt so mancherlei auf mich ein, daß ich nicht alles zu verarbeiten vermag. Triumphe und Niederlagen des Menschen stehen in unserem Jahrhundert direkt nebeneinander. Die verschiedenen Völker und Rassen, Weltanschauungen und Erfahrungen durchdringen und mischen sich. Ich suche Orientierung. Ich suche eine Haltung, die solches alles hineinnehmen und durchtragen kann. Und hier, meine ich, ist Frömmigkeit ein direkter Hinweis auf den, der uns trägt.

Tragfähig mitten im heutigen Leben?

Ich glaube weder an das Gute im Menschen noch an das Böse im Menschen. Ich glaube an den, der den Menschen liebt. Ich suche Tragfähigkeit mitten im heutigen Leben. Nicht bloß für einen Teil unserer Wirklichkeit, sondern für das ganze heutige Geschehen auf Erden. Wenn ich Angriffen standzuhalten habe. Wenn ich Fehler mache. Wenn ich Mitmenschen begegne, die um sich Dunkel sehen. Wenn ich erschüttert bin von dem, was Menschen

18

einander antun können. Wenn ich mich vergeblich sehne nach Lösungen in den Erschütterungen unserer Zeit.

Wenn zwei nicht eins werden. Wenn über mich geschwatzt wird. Wenn es schwierig oder aussichtslos ist, noch immer zu hoffen, daß ein Konflikt, eine Schwierigkeit, eine Depression, eine Ungerechtigkeit sich löse. Dort suche ich nach Formen des Durchtragens. Dort und nicht in irgendeinem «Schonraum».

Ich möchte es schließlich so ausdrücken: Was auch Mitmenschen von mir denken und sagen, Gott kennt mich besser. Was für herrliche oder schreckliche Ereignisse auch noch kommen werden, ich falle in seine Hände. Ich halte mich an keine menschlichen Autoritäten, sondern an ihn. Durch alle Gottesbilder, durch alle Frömmigkeitsformen hindurch bitte ich ihn um seine Zuwendung. Nicht ich muß mich tragfähig machen. Er ist es. Durch alle Zweifel, durch alle Gewißheit, durch meine Schwächen und Stärken hindurch bitte ich ihn um seinen Geist. Er ist an der untersten Stelle schon gegenwärtig. Er ist im Kleinsten und im Größten schon anwesend. Meine Frömmigkeit ist eine jubelnde, lebenslange Bitte, seinen Einbruch spürbar zu machen, sich meiner zu erbarmen. Deshalb bin ich auf gewöhnliche, menschliche, heutige Möglichkeiten und Formen solcher Antwort angewiesen.

Möglichkeiten und Formen
im Alltag

Auswendig und inwendig

Die einfachsten Formen sind oft die hilfreichsten. Darum beginne ich mit etwas sehr Einfachem und Uraltem: dem Auswendiglernen. Was jemand auswendig kann, hat er sich gewöhnlich auch inwendig angeeignet. Der Franzose sagt nicht zufällig «par cœur» für auswendig. Es geht mir durchs Herz, was ich auswendig kann. Dabei kommt es beileibe nicht auf die Menge an, sondern darauf, ob es für mich gute Dinge sind, die ich auswendig weiß. Wie kann es dazu kommen?

Ich erzähle eine eigene Erfahrung, die mich mein Leben lang begleiten wird. Der Leser möge sie als eine Anregung dazu auffassen, seine eigenen Erfahrungen zu entdecken, sein eigenes Buch «Tragfähige Frömmigkeit» zu schreiben.

Ich trage in meinem Geldbeutel neben wechselndem Metall und Papier seit Jahren ein kleines Zettelchen mit mir herum, auf welchem Worte stehen, die ich seit meiner frühen Kindheit auswendig weiß. Trotzdem nehme ich das kleine Blättchen öfters heraus oder erinnere mich unterwegs daran, daß es zwischen dem Papiergeld steckt. Ich sage die daraufstehenden Worte vor mich hin. Sie tun mir gut. Sie geben mir Wegweisung und

Gehaltensein. Vor einem schwierigen Gespräch, zwischen verschiedenen Arbeiten halte ich einen Moment inne, lese den Zettel und freue mich daran.

Es steht der Lieblingsspruch meiner Mutter darauf. Ich habe sie nicht gekannt. Sie starb bald nach meiner Geburt. Aber durch dieses Wort fühle ich mich stärker mit ihr verbunden, als das Grab uns trennen kann. Ein Stück des Spruches stand auf ihrem Grabkreuz. Ich habe es mir als Kleinkind vom Vater vorsagen lassen und später selber buchstabiert: «Meine Gnade soll nicht von dir weichen.» Am Todesjahr meiner Mutter konnte ich immer mein eigenes Alter ablesen, die Zahlen kannte ich zuerst. Dann las ich natürlich bald ihren Namen und eben schließlich den Spruch. Sie hatte denselben Beruf wie ich. Fünfundzwanzig Jahre lang, bis ihr Grab aufgehoben wurde, habe ich mich immer wieder an diesem strahlenden Wort gehalten. Es ist tief in mich eingedrungen.

Das Wort ist mir innerer Besitz geworden. Vor zweieinhalb Jahrtausenden hat es jemand einem Volk ohne Zukunft zugerufen. Ich habe es gerne bei mir: «Es sollen wohl Berge weichen und Hügel hinfallen, aber meine Gnade soll nicht von dir weichen, und der Bund meines Friedens soll nicht hinfallen, spricht der Herr, dein Erbarmer» (Jesaja 54, 10).

Meine Bibel ist an vielen Stellen abgegriffen. Mit Farbstift, Bleistift oder Tinte sind Worte und ganze Sätze unterstrichen oder am Rande hervorgehoben. Da und dort steht ein Datum oder eine knappe Notiz daneben. Dazu habe ich ein Mäppchen mit einzelnen Worten, eine Aphorismensammlung biblischen und anderen

Ursprungs, manchmal kalligraphisch schön geschrieben, manchmal in gewöhnlicher Handschrift. Kalenderzettel und Ausschnitte aus Zeitschriften sind dabei. Vieles davon kann ich längst auswendig.

Es wird dem Leser ähnlich gehen. Ich möchte ihn sehr dazu ermuntern, sich selber eine solche Sammlung, Kernstücke für den inneren Menschen, anzulegen. Er wird entdecken, daß die Frage «Was kann ich auswendig?» viel mit seiner eigenen Frömmigkeit, mit seiner Mitte zu tun hat.

Persönliche Wahl

Jeder muß mit dem beginnen, was ihm besonders nahesteht. Ich wähle Dinge für meine Stille, die mir etwas sagen, die mir lieb sind. Andere Menschen wählen andere Dinge. Ich lasse mich dadurch nicht beirren. Was mir in meiner Situation hilft, merke ich ja am Resultat. Darum treffe ich ungeniert meine ganz persönliche Wahl.

Durchs ganze Studium hat mich seinerzeit ein Wort begleitet, in welchem für mich die strahlende Zusammenfassung des Osterglaubens steht. Ich habe viel mit diesem Wort erlebt. Oft sage ich es andern weiter und erzähle, was es mir bedeutet: «Das Licht scheint in der Finsternis. Und die Finsternis hat es nicht überwältigt!» (Johannes 1, 5).

Ich bin dafür, daß jeder Mensch seine Lieblingsworte und Lieblingstexte hat. Ein Leben lang kann er daraus schöpfen, kann er daran wachsen. Wir ändern uns, aber diese Worte bleiben. Ich lebe auch mit Lieblingsgeschichten und Lieblingsbildern. Oft hilft mir die Kenntnis des Lebens eines Liederdichters oder eines religiösen Malers zum Verständnis seines Werkes. Ich stelle dabei überrascht fest: «Ach, das hat dieser Mensch auch erlebt. Daran hat er sich auch gehalten. So ist es ihm ergangen.» Wie ein Gruß ist es dann.

Ein Mensch kommt mir so durch die Jahrzehnte oder Jahrhunderte ganz nahe. Er hilft mir, meine Erlebnisse zu verarbeiten und Sinn in meinem Leben zu finden. Manchmal stoße ich dabei auf Menschen, die ihr Lebtag suchten. Sie helfen mir, geduldig und ausdauernd meinerseits zu suchen. Biblische Gestalten werden mir dabei zu Zeitgenossen. Menschen aus der Welt- und Kirchengeschichte setzen sich zu mir, erzählen und bezeugen, wie es ihnen mit ihrem Glauben und Leben erging.

Ich glaube nicht an diese Menschen. Aber ihre Worte und Gedanken lassen für mich ihren Glauben Gestalt annehmen. Er füllt sich mit Fleisch und Blut. Vieles wird mir anschaulich. Wir sind in dem, wovon wir leben, miteinander verbunden.

Ich habe bewußt nur angedeutet. Der Leser treffe seine eigene Wahl. Er wird entdecken, daß Frömmigkeit etwas überaus Lebendiges, Verbindendes und für andere Aufschließendes ist. Die gemeinsame Mitte, der gemeinsame Herr verbindet uns und schafft eine Gemeinschaft quer durch Jahrhunderte, Kontinente und Kulturen.

Keiner ist allein. Ich fühle mich so vielen verbunden. Ich kann hinter anderen anschließen. Sie nehmen mich in ihren Kreis, in ihre Gemeinschaft auf. Meine persönliche Wahl führt mich in die lebendige Gemeinschaft anderer Menschen. Sie haben andere Kernworte und

Kernstücke. Ich lerne von ihnen; sie helfen mir, meinen eigenen Weg zu Gott immer besser zu finden. Es klingt Bruderschaft aus ihren Worten. Ich bin nicht allein.

Ein Blatt Papier

Jeder Mensch entwickelt andere Formen für seine Stille. Mir hilft ein kleines Stück Papier. Darauf notiere ich die verschiedensten Namen und Anliegen. Es sind Namen von Mitmenschen, an welche ich denken möchte. Es sind in Stichworten Dinge, die mich beschäftigen und umtreiben.

Ich beginne in meiner Nähe, daheim: Die Namen meiner Frau und meiner Söhne stehen da. Hernach Verwandte und Bekannte, Nachbarn und Freunde. Da ich seit längerer Zeit in einer Heimstätte arbeite, wo viele Tagungsteilnehmer ein und aus gehen, stehen auf meinem Zettel naturgemäß Namen von Menschen aus dieser Arbeit. Es folgen die Mitglieder von Arbeitsgruppen, Vorständen und Behörden, in welchen ich mitarbeite oder mit denen ich zu tun habe. Es folgen Menschen aus anderen Landesteilen, aus anderen Ländern, von früheren Wohnorten unserer Familie. Namen von Journalisten und Medienleuten, von Künstlern und Wissenschaftern, von Hausfrauen und Jugendlichen.

Dazwischen stehen spezielle Dinge, welche immer wieder wechseln, etwa: «Weltfriede» oder «Entwicklungsländer», «eigene Fehler» oder «unter der Bibel leben», «Ökumene in der Schweiz» und «Bitte um den Heiligen Geist». «Kirchen und Menschen in Verfolgung» lese ich neben dem hebräischen Wort für Friede:

«Schalom». Meldungen zum Tagesgeschehen, Menschheitsfragen auf längere Sicht wechseln mit persönlichen Anliegen und eigenen Gedanken.

Was tue ich mit diesem Zettel? Er trägt den Titel «Fürbitte». In meiner stillen Zeit, meist am frühen Vormittag, oft auch etwa zu anderen Tageszeiten, nehme ich ihn hervor. Er steckt in meiner Bibel oder in einem Buche, das ich für meine eigene Besinnung gerade lese. Von Tag zu Tag erlebe ich die verschiedensten Dinge. Auch mit den Namen und Worten auf meinem Blatt. Immer neu kehre ich dazu zurück. Ich verweile beim einen kürzer, beim andern länger. Ich denke an diese Nächsten und jene Fernsten. Ich bringe ihr Leben, was ich von ihnen weiß, vor Gott. Ich bin viel still dabei. Das Aneinanderdenken in der Fürbitte schafft Verbindung.

Manchmal muß ich neben einen Namen ein Kreuz zeichnen, weil jener Mensch gestorben ist. Mir geht durchs Gemüt, was ich von ihm alles empfangen habe, solange er lebte. Ich denke an seine Angehörigen. Ich denke an alle noch Lebenden und daß ich mit jedem so sein möchte, als wäre es das letztemal, daß wir uns sehen.

Zeitungsnotizen, Radio- und Fernsehmeldungen bewegen mich. Wie mag dies und jenes herauskommen? Hie und da schreibe ich aus dieser Stille heraus einen Brief, oder ich greife zum Telefon. Da Namen und Anliegen vor mir geschrieben stehen, muß ich nicht mühsam erst überlegen, wofür ich beten, woran ich denken, was ich vor Gott ausbreiten soll.

Der Zettel wird im Laufe der Monate und Jahre voll. Er wechselt. Einiges bleibt, anderes ändert darauf. Tagsüber begegnen mir die Menschen und Ereignisse, aber sie sind eingeschlossen in die Fürbitte. Menschen, die mit mir schwer haben oder ich mit ihnen. Schlimme Ereignisse, die hereinbrechen. Im Auf und Ab des persönlichen Lebens, wenn ich müde oder ausgeruht, fröhlich oder angefochten bin, nimmt mich der Zettel immer wieder an jene Stelle des Gesprächs unter geöffnetem Himmel. Unterwegs im Auto, auf der Straße, im Lärm kommt mir etwas daraus in den Sinn und läßt mich etwas Dunkles nicht mehr so ganz dunkel, etwas Zorniges nicht mehr nur zornig, etwas Betrübliches nicht mehr nur trübe erleben. Es liest jemand Größerer den Zettel mit.

Raum der Stille

Ich suche Gelegenheiten in meinem Alltag, wo ich nach innen leben und nach dem Grunde meines Lebens suchen kann. Die Quelle solchen Ruhens, die Zwiesprache mit Gott ist für mich der Ort, von welchem her ich mich den Aufgaben, die mir gestellt werden, erst zuwenden kann. Und das geht nicht anders, als daß ich mir bewußt einen Raum der Stille ausspare. Der Leser möge über das Folgende zuerst ein wenig lachen. Hinterher hoffe ich, er erinnere sich mit neuer Freude seines eigenen «Ortes der Stille».

Ich komme in meinem eigenen Tages- und Wochenablauf nicht umhin, schon sehr frühzeitig zum Kalender zu greifen. Kaum sind die Taschenkalender des nächsten Jahres zu haben, kaufe ich mir einen. Was tue ich damit? Ich schreibe jede Woche mindestens an zwei ganzen

Tagen ein großes F hinein: Frau, Familie, Freizeit. Meine Erfahrung im Laufe der Jahre ist, daß mir dann wöchentlich eines dieser F bleibt. Fällt eines aus irgendwelchen ja immer so «dringenden» Gründen weg, versuche ich es irgendwo anders wieder hineinzuschmuggeln. Ich habe eine gleitende Arbeitswoche. Wenn ich mir zu viele Termine und Abmachungen aufhalse, bin ich selber schuld. Wenn ich meine F nicht einhalte, werde ich gehetzt und stehle prompt von meiner stillen Zeit. Hernach trage ich Ferien, freie Sonntage und Reservezeiten ein, die ich mir noch frei halte. Erst jetzt trage ich meine meist ein Jahr zum voraus feststehenden Tagungstermine ein.

Was erreiche ich damit? Mein Kalender schützt mich auf diese Weise vor Kurzatmigkeit, Gehetztwerden und Krampf. Ich kann meine Arbeit besser und sorgfältiger vorbereiten. Ich gehe so weit, daß ich auch Lektüre für den Beruf, Vorbereitungsarbeit usw., richtig eintrage. Dadurch komme ich weniger unter Termindruck. Ich habe entdeckt, daß ich so besser auf Unvorhergesehenes eingehen kann. Ich bleibe beweglich, meine Termine jagen mich nicht, und ich fühle mich freier.

Wenn ich meine stille Zeit regelmäßig einhalte, sind Geist und Körper viel mehr bereit dazu. Ich habe die Erfahrung gemacht, daß solche zur guten Gewohnheit gewordene Sammlung sich leichter einstellt, als wenn ich sie bloß dann übe, wenn ich «Zeit habe». Auch hier möge der Leser seine eigenen Erfahrungen machen und sich beim Folgenden an selbst Erlebtes erinnern.

Auch wenn es zu Beginn nur ein paar Minuten sind, die ich mir täglich nehme, es ist ein wichtiger Anfang.

Ich liebe Musik. Warum soll ich mir nicht Musikviertelstunden in meinen Tag einbauen? Mit eigenem Singen oder Musizieren? Mit der Vertiefung in ein Werk der Musik, das ich mir anhöre? Klingt nicht tagsüber die Melodie, der Liedvers, der Sonatensatz in mir nach?

Ich liebe Malerei. Warum soll ich nicht vor Bildern still werden? Und sie dann in Postkartenform mitnehmen zur Arbeit, um sie dort auf mich wirken zu lassen? Ein Blick zwischendurch auf ein gutes Bild, auf die Fotografie eines Angehörigen, warum eigentlich nicht?

Jemand liest gerne. Kann nicht schon ein einziges Wort, auf einem Zettel mitgenommen, ihn begleiten? Etwa: «Von der Welt wegblicken, das hilft nicht zu Gott. Auf die Welt hinstarren, das hilft auch nicht zu ihm. Aber wer die Welt in ihm schaut, steht in seiner Gegenwart!» (Martin Buber).

Jemand fotografiert gerne. Warum nicht die eigenen Bilder auf sich wirken lassen? Jemand fischt gerne. Jemand spaziert gerne. Jemand liebt Tiere und Pflanzen, Blumen und Bäume. Warum soll er denn nicht mitten in seiner Arbeit drin vor einen Forsythienzweig, eine Birke oder einen Haselstrauch stehen und dieses Stück Schöpfung anstaunen und liebbekommen?

Jemand liest gerne Zeitung. Warum soll er sie nicht mit der Schere lesen und in einem Mäppchen zu seinem Interessengebiet Meldungen und Artikel sammeln? Er geht so einer Frage dieser Welt immer tiefer nach (Zukunft der Menschheit, Zusammenleben der Rassen, Alt– Jung, Dritte Welt, Kirche im Kampf usw.).

Wenn der Leser bei den letzten paar Gedanken den Eindruck bekam, das eine oder das andere tue er auch, dann hat er seinen «Raum der Stille» entdeckt. Es gibt hunderterlei Formen dafür. Es ist sicher gut, wenn auch hier jeder das ihm Entsprechende findet.

Ob ich ein leeres Blatt Papier neben ein Gedicht, ein Lied oder einen Bibeltext lege und meine Gedanken dazu aufschreibe, ob ich mit einem Bild dasselbe versuche, ob ich ganz etwas anderes unternehme in meiner Stille: Jedenfalls spüre ich, daß es mir mit der regelmäßigen Atempause wohler wird. Ich muß dann an all den äußeren Fronten nicht mehr so unsicher oder aufgeregt reden und handeln. Mein Leben bekommt Richtung, ich spüre das Gehaltensein. Ich kann mitten im «Gestürm» drin ein wenig lachen, ein wenig Freude haben, ein wenig Licht sehen.

Weitere Anregungen zur Stille für Einzelne und für Gruppen habe ich in meiner Publikation «Meditation – praktisch» näher ausgeführt (Fr. Reinhardt, Basel, zweite Auflage 1976).

Wer einen stillen Tagesbeginn, ein Gespräch zu zweit, eine vertiefende Lektüre, einen «Raum der Stille» sich zur guten Gewohnheit macht, dem fällt die Füllung solchen Hohlraumes leichter, als wenn er es unregelmäßig tut. Darum haben diese Aussparungen in unsern Terminkalendern gleichwertige Bedeutung wie die andern Abmachungen. Wir nehmen uns ja auch zwei- bis dreimal im Tage Zeit, unserem Körper zu essen zu geben. Ebensolche Zeiten brauchen Seele und Geist. Es ist gut, in solcher Stille nicht allein zu sein. Ich gehe ihm entgegen, um dessen Gegenwart ich in meinem Stillesein bitte.

Es ist gut, wenn wir uns gegenseitig ermutigen durch den Austausch eigener Erfahrungen. In unserer Zeit des Umbruchs und des Suchens nach Tragfähigkeit muß ja jeder Mensch seine persönlichen Formen für sich und mit andern zusammen suchen.

Ich denke an ein großformatiges Schulheft, auf dem der Titel steht: «Gespräche mit Jesus». Darin habe ich oft in meiner stillen Zeit meine Gedanken der Zwiesprache mit Jesus notiert. Ich kann besser dabei verweilen, wenn das Gedachte und Empfundene vor mir steht. Im Grunde ist es eine Art Tagebuch, wie ich es früher in den Gymnasiums- und Studentenjahren geführt habe. Als ich meine Frau kennenlernte, schenkte ich ihr die Hefte. Seither ist das Gespräch zu zweit an die Stelle unserer Tagebücher getreten. Wichtige Ereignisse in der Familie trage ich in unserer Ehebibel ein, oder sie kommen ins Familienarchiv. Wenn wir uns nicht sehen, schreiben wir uns. Aber das mündliche Gespräch hat nun abgelöst, was früher im Tagebuch gefragt, gerätselt und erzählt wurde.

Auch für unsern Glauben ist das Aufgeschriebene eine Hilfe. Ich sehe Jesus nicht. Das von den biblischen Menschen Notierte hilft mir, ihn immer neu kennen zu lernen. Und nun ist mir das selber Geschriebene, sei es auch noch so einfach und gewöhnlich, hiebei eine ebensolche Hilfe im persönlichen Stillewerden vor Gott, für mich allein, zu zweit und mit andern.

Wenn mir in einem Gottesdienst ein Satz oder ein Gedanke Eindruck macht, schreibe ich ihn auf. Später lasse ich ihn wieder auf mich wirken. So nun auch das Heft «Gespräche mit Jesus», das, mit den jeweiligen Daten versehen, mich an vieles wieder erinnert. Es steht darin zum Beispiel:

Lieber Herr! Was auch andere über mich denken und von mir sagen, du kennst mich besser. Darin berge ich mich.

«Wer sich einsetzt, setzt sich aus.» – «Wenn man den Wind gegen sich hat, ist das nur ein Grund, um so stärker dagegen auszuschreiten.» Solche Worte gehen mir in dieser wirren Zeit oft durch den Kopf. Ich bitte um langen Atem.

«Lieber Bruder! Du hast dich dem Urteil der Leute aussetzen müssen. Es wurde über dich geschwatzt und geredet. Dies Geschwätz hat dir schließlich das Todesurteil gebracht. Warum sollte ich an meiner kleinen Stelle nicht auch immer wieder dem Geschwätz ausgesetzt sein? Hilf mir, nicht mit gleicher Münze heimzuzahlen. Wenn die negativen menschlichen Gedanken zu schwarzen Fäden würden, sähen wir längst keine Sonne mehr. Brich immer wieder durch alles menschliche Gerede hindurch. Zerbrich alle Rechthaberei, auch bei mir und andern kirchlichen Mitarbeitern. Wir sind täglich auf deinen Geist angewiesen.

Laß mich das Hören lernen. Hören darauf, wo du bist und was du heute von mir willst. Hören auf meine Nächsten und Mitmenschen. Hören auf dein Tun in meinem Leben, in unserer Zeit. So laß mich meine beschränkten Wirkungsmöglichkeiten nutzen und keine Angst vor dem Dunkel haben.»

Beispiele

Bilder, die zu mir sprechen

Im folgenden wähle ich sechs Bilder aus. Immer wieder betrachte ich eines während mehrerer Tage und Wochen in der Stille. Wenn ich auf ein Blatt Papier meine Gedanken dazu aufschreibe, fällt mir die Zwiesprache leichter. Ich habe deshalb hier als Anregung jeweils das, was ich bei jedem dieser Werke der darstellenden Kunst empfunden habe, notiert. Der Leser treffe später seine persönliche Wahl mit andern Bildern.

«*Hören*»

Der Einzug des Herrn

Das Abendmahl

Das Weihnachtslachen

37

Anmerkungen zu den Abbildungen

«*Hören*»

Farbfenster von Felix Hoffmann, Aarau 1911–1975
Der Verlag Jordi, 3123 Belp BE, hat das Bild «Hören» als Farbposter, Format 38,8 × 38,8 cm oder 22,5 × 22,5 cm, publiziert.

Der Einzug des Herrn

Holzschnitt von Elisabeth Stalder, Liestal 1968
Format 50 × 50 cm

Das Weihnachtslachen

Engel Gabriel, Kathedrale von Reims (Frankreich)
13. Jahrhundert (Foto Georges Gaud, Moisenay, France)
Unser Bild ist als Karte oder Poster am Kiosk der Kathedrale zu Reims erhältlich (Editions Gaud, 77125 Moisenay-le-Petit [France]. Karte Nr. 51.280.10, l'Ange Gabriel).

Das Abendmahl

Lithographie von Felix Hoffmann
Aus Bilderbibel, Theologischer Verlag Zürich

Kreuzigung

Frühromanisches Relief, 10. Jahrhundert, Münchenwiler BE, heute im Museum für Kunst und Geschichte in Freiburg. 60 cm hohe Kreidekalkplatte. Als gewöhnlicher Baustein bei Umbauten in den Kellermauern des späteren Schlosses von Villars-les-Moines entdeckt.
Das Bild ist als Postkarte im Freiburger Kunstmuseum und als Fotoposter, Format 30 × 42 cm, im Verlag Jordi, 3123 Belp BE, erhältlich.

Hiob

Holzschnitt von Werner Gothein 1953
Format 33 × 44 cm
Aus einer Folge von 96 Holzschnitten zum Buche Hiob

«*Hören*»

Von Felix Hoffmann (Bild Seite 34)

In der reformierten Kirche Bellach im Kanton Solothurn sind seit dem Jahre 1957 in die rechte vordere Stirnwand vier Scheiben von Felix Hoffmann, dem bekannten Aarauer Künstler, eingefügt. Die Kirche hat einen fünfeckigen Grundriß und empfängt durch diese Glasfenster, die in die hellgraue Wand eingelassen sind, eine Atmosphäre der Sammlung und Stille. Alle vier Quadrate (92 × 92 cm) sind sehr hell gehalten und stehen auf der Innenseite der Wand, so daß eine Tiefenwirkung bis zur äußeren Fensterscheibe entsteht. Bei unserem Farbdruck ist deshalb an den Rändern ein dunkler Schatten zu sehen.

Die abgedruckte Scheibe eröffnet den Zyklus und befindet sich links. Neben ihr folgt zum Stichwort «Sehen» ein Kelch und ein Frauenantlitz, hernach die Scheibe «Beten» mit einem kleinen Mädchen und dessen Mutter. Ganz rechts befindet sich das vierte Fenster «Helfen» mit einem Gesicht darauf, welches von der Hand eines Mitmenschen gestützt wird und aus einer Schale zu trinken erhält.

Auf der Scheibe «Hören» sind zwei Wesen abgebildet, ein Mensch und ein Vogel. Um sie herum ist in bräunlichen, graublauen und weißlichen Farbtönen das Gehäuse angedeutet, in welchem sich dieser Mensch befindet und in das der Vogel von oben her hineinstößt.

Ich betrachte zunächst das Antlitz und die sprechende Gebärde dieses Menschen ein wenig näher und lasse sie auf mich wirken. In gesammelter Aufmerksamkeit scheint hier jemand etwas zu hören. Die beiden Hände verstärken die Schale und das Hinhalten des Ohres wie bei jemandem, der ganz genau hinhören will. Damit nichts von außen stören kann und um diesen Eindruck noch zu erhöhen, sind beide Augen geschlossen. Auch der Mund ist zu.

Ein Mensch hört. Felix Hoffmann hat in diese Geste den Inbegriff allen Hörens hineingelegt. Das Hören an sich spricht aus dieser Farbscheibe zu mir.

Dem ruhigen, gesammelten Gesicht ist anzusehen, was es hört. Die Farbe Grün in der linken Gesichtshälfte weist darauf hin, daß hier etwas Hoffnungsvolles, etwas Leben und Zuversicht Schaffendes vernommen wird.

Damit bin ich beim zweiten Lebewesen, beim taubenartigen Vogel. Er stößt mit großer Kraft von oben her pfeilartig nach unten. Eine so große Zielgerichtetheit spricht daraus, als gäbe es nur gerade diesen einen Menschen, zu welchem er fliegen will. Gleichzeitig breitet er den einen Flügel so weit aus, daß er den Menschen damit schirmt und dieser sich darunter zu bergen vermag.

Der kühne Vogel ist in blauer Farbe gehalten. Blau ist die Farbe des Himmels und gleichzeitig des Glaubens. Rund um den Vogel sind an ein paar Stellen kleine, rot aufleuchtende Flecken: Hinweis auf das Feuer, das den Vogel antreibt und als Boten zum Menschen ausschickt.

Unser Bild ist eine symbolische Darstellung. Es geht darin um ein ganz besonderes Hören. Die Taube ist seit alters Sinnbild für den Heiligen Geist. Es ist die Stimme Gottes, auf welche dieses Menschengesicht in seiner Versenkung so intensiv zu hören versucht.

Man muß mit einem solchen Bild lange zusammenleben. Immer wieder kann man es betrachten. Immer neu fällt mein Blick darauf. Ich freue mich daran. Ich kann mich hineinversenken. Ich darf mich selbst darin sehen. In diesem hörenden, empfangenden Menschen stecke ich selber. Durch das Gewirr von Stimmen und Geräuschen, durch Lärm und wirre Töne vernehme ich die Stimme meines Schöpfers.

Ein dauerndes Bedürfnis spricht aus dem Bild, ein lebenslanges Bemühen: «Rede, lieber Herr, dein Geschöpf hört!» Erstaunt und beglückt sehe ich, wie die blaue Taube dicht ans Ohr geflogen kommt und mir die frohe Nachricht zuflüstert und zuzwitschert: «Du gottgeliebter Mensch bist lebenslang bei ihm geborgen.»

Eigentlich beginnt erst jetzt die Zwiesprache mit dieser Farbscheibe. Ich wünsche dem Betrachter, daß er hiebei immer neu jene fröhliche Folge erlebt: Hören – Sehen – Beten – Helfen.

Der Einzug des Herrn

Von Elisabeth Stalder (Bild Seite 35)

Aus der grünen Farbe des Hintergrundes hebt sich weiß der einreitende Christus heraus. Hinten jubelt und tanzt die Menge.

Er aber reitet in eine andere Richtung, als diese Menschen erwarten. Nicht er ist auf die Leute angewiesen, sondern sie auf ihn. Nicht er braucht uns, sondern wir ihn.

Welche Hoffnung für uns, wenn er so bei uns einreitet.

Das Weihnachtslachen

(Bild Seite 36)

An der Westfassade der alten französischen Krönungs-
kirche in Reims steht rechts neben dem Hauptportal
diese Figur. Sie lacht einer jungen Frau ins Gesicht,
welche diesen Boten noch ganz ahnungslos anstaunt.

Was mich an diesem Engel so packt, ist sein Lachen.
Das ganze Gesicht strahlt von innen heraus. Wenn man
länger vor ihm steht, steckt einen dieses Antlitz an: Man
wird selber auch ganz froh.

Er muß der Träger einer ungeheuer frohen Nachricht
sein. Bevor er überhaupt etwas sagt, lacht er so gewin-
nend, daß alle Furcht weicht und man ihm ins Gesicht
staunt.

Es ist der Augenblick festgehalten, da die große Botschaft verkündet wird: Gott wird Mensch. Gabriel steht
der jungen Maria gegenüber. Er freut sich offensichtlich
so sehr, daß er lachen muß vor Freude. Es erfüllt ihn
selber so licht und hell, daß sein Gesicht das große Ereignis widerspiegelt: «Maria, es wird Weihnachten werden!»

Der Bote hat nur noch einen Flügel. Der Krieg hat
ihm einen Arm abgeschlagen. An der Nase ist er auch
verletzt. Die ganze Fassade mit ihren vielen Statuen
zerbröckelt, durch Abgase und Ölreste in der Luft zer-
setzt. Aber seit 700 Jahren lacht dieser steinerne Zeuge
die Weihnachtsbotschaft in unsere Welt. Ob er uns an-
steckt? Unser eigenes Leben zwischen Weihnachten und
Ostern? Ich sehe ihm gerne und immer wieder ins
Antlitz.

44

Das Abendmahl

Von Felix Hoffmann (Bild Seite 37)

Der Tisch ist rund, es gibt kein Oben oder Unten.
Das Mahl der Gemeinschaft steht darauf gerüstet.
Drei Jahre lang ist von diesem Kreis eine Wirkung in
Galiläa ausgegangen, von der bis heute Menschen leben.
Alles haben sie miteinander geteilt.
In aller Verschiedenheit sind sie zusammengewachsen.
Sie haben erst ein wenig begonnen, in Gottes Wege
hinein zu staunen – und jetzt soll es zu Ende sein?
Ihr Freund ist in äußerster Gefahr.
Und dabei ist er so ruhig.
Mitten im Sturm diese Geborgenheit.
Das Licht liegt auf Jesu Kleid und geht davon aus
in den unruhigen Kreis.
Jedes dieser Gesichter ist eine ganze Geschichte
mit Jesus von Nazareth.

Es ist der Augenblick festgehalten, da Jesus den Ver-
rat eröffnet. Judas, ihm gegenüber, schiebt eben den
Bissen in den Mund. Zwei beobachten ihn, die andern
sehen erschrocken dem Tischherrn ins Gesicht. An seiner
Schulter ruht Johannes. Petrus aber, zur Rechten Jesu,
verwahrt sich gegen solche Möglichkeit.

Jedesmal geht es vom Rund dieses Tisches aus, wenn
Menschen sich aufmachen gegen das Dunkel. Zeiten
und Tischrunde wechseln. Tisch und Tischherr bleiben.
Und unsere Tische? Daran angeschlossen?

In all unserer Vielfalt und Verschiedenheit dieses
Rund in der gemeinsamen Mitte?

Kreuzigung

(Bild Seite 38)

In Kreidekalk bist Du hier eingegraben. Kreidekalk ist 130 Millionen Jahre alt. Es war die Zeit der Dinosaurier. Ein Mensch des zehnten Jahrhunderts war es, der Dich in den Stein schnitt. Ein Zeitgenosse also der Karolinger, Ottonen und Kapetinger. Massenweise wurden damals in Nord- und Osteuropa Menschen zum Christentum «bekehrt».

Ein Stein voller Narben, der in den tausend Jahren seither Höhen und Tiefen erlebte. Vom Meeresboden irgendwo zum Ehrenplatz an einer Klosterfassade.

Aber auch Dein Schicksal teilte der Stein. Verachtet im Kellergewölbe, bis ihn die Spitzhacke traf. Jetzt steht er im Museum konserviert. Wo bist Du lieber? Eckstein auch bei uns irgendwo im Gewölbe?

Einfachstes Bild: Eigentlich nur Dein großer Kopf, Dein Blick, die ausgebreiteten Arme. Eingespannt zwischen Gestirn und Mensch, zwischen Himmel und Erde. Uns mit großen Händen umfassend.

Sonne–Mond. Maria–Johannes. Eva–Adam. Wie zwei Sarkophage. Schmerz bei der Frau. Das Gesicht zerstört beim Manne. Eine Hand von oben, die auf Dich zeigt. Herr! Bruder! Aus Meeresboden gebildet. Gruß zu uns, zu mir? Nimmst mein Kreuz auf Dich? Weltumspannende Kraft, die Steine und Gräber sprengt? Ich möchte Dich unter allem Schutt finden.

Hiob

Von Werner Gothein (Bild Seite 39)

Zwiesprache aus der Tiefe.
Da ruft einer seinen Gott zu Hilfe. Mit erhobenen
Händen,
mit erhobenem Gesicht, nach oben sich öffnend.
Die ganze Gestalt ist ein einziger Ruf.
Hiob, Mund der Leidenden.
Schrei der Zerbrochenen.

«Doch ich weiß, daß mein Erlöser lebt!»

Mitten in all dem grauenhaften Dunkel, welchem er
dahingegeben ist, leuchtet dieses Gebetswort.
Es ist der Weg eines ganzen Lebens.
Es ist ein dringend rufendes Gesicht.
Eingeklemmt in Schläge und Trümmer,
sucht einer seinen Gott
und stimmt schließlich voller Verwunderung
ins «Ja der Gnade» ein.

Eigene Texte

Warum ich gerne Abendmahl feiere

Ich möchte auf eine Möglichkeit hinweisen, um zu den gottesdienstlichen Festen in eine neue Beziehung zu kommen. Indem ich meine Gedanken dazu weitergebe, warum ich gerne Abendmahl feiere, geht es mir um Folgendes. Überlegen Sie sich, zu welchem der Sonntage und Festtage innerhalb des Kirchenjahres Sie einen besonderen Zugang haben. Selbstverständlich kann auch der Gedanke, was mir bei diesem oder jenem Fest besondere Schwierigkeiten macht, der Anlaß zu näherer Beschäftigung mit irgendeinem der roten Daten im Kalender sein.

Ich schlage vor, solches Nachdenken schriftlich festzuhalten. «Warum freue ich mich auf die Advents- und Weihnachtszeit?» – «Was bereitet mir am Bettag Mühe?» – «Weshalb kenne ich wenig gute Osterbräuche?» – «Was bedeutet mir eigentlich Pfingsten?»

Mag eine Abendmahlfeier, die ich erlebe, noch so karg und kalt verlaufen, ich halte mich daran, was mir das Abendmahl bedeutet. So bekomme ich einen Zugang dazu, der tiefer in mir drin ist als das momentane äußere Geschehen. Mir geht es bei vielen Stücken des Gottesdienstes in der Kirche so. In jedem Wort, in jeder

Liedstrophe, im Gebet, in der Stille, im Orgelstück kann Gott etwas für mich bereithalten, wenn ich hinhöre. Das Aufschreiben erleichtert mir auch hier das Verweilen bei dem, was mir wichtig ist. Ich kann meine Gedanken besser ordnen und sammeln.

Warum ich gerne Abendmahl feiere? Die Bewegung, welche Jesus von Nazareth ausgelöst hat und immer neu auslöst, ist seinerzeit von seinen Gastmählern ausgegangen. Als armer Leute Kind hatte er kein eigenes Haus, keine eigene Familie. Aber er ist an unzähligen Tischen Gastgeber gewesen – und was für einer. Es begann bei jenen Mählern im hintern Galiläa und wird ins große Festmahl am Ende der Zeiten ausmünden. In der Zwischenzeit feiern wir Abendmahl: Essen und Trinken in der Gemeinschaft dieses Tischherrn.

Essen und Trinken bedeutete damals in Galiläa gar viel. Das Mahl des großen Festes im jüdischen Volk, das Passah, geht bis auf die Beduinenzeit zurück. Wenn ein Hirte in der heißen Wüste während Tagen von ein wenig Mundvorrat gelebt hatte, und dann fand er eine Oase oder gar die schwarzen Zelte eines befreundeten Scheichs, war das oft geradezu lebensrettend. Man wurde zum Mahl geladen. Es wurde gekocht und gebacken, geschmaust und gefestet, gesungen und getanzt. Herrlich war es.

Aber erst beim Passah selber, dem Mahl der Befreiung und des Bundes mit Gott! Da wurden die alten Lieder gesungen vom Auszug aus Ägypten. Später waren es die Psalmen. Die ganze Geschichte der Erlebnisse mit Gott wurde miteinander gesungen und getanzt. Und auch der Fremdling durfte daran teilnehmen.

Erinnerung aus der Gegenwart: Mit Pfarrehepaaren üben wir Volkstänze. Ein israelischer Tanz trägt den Titel «Manavu» («wie lieblich»). Ich warte auf den Moment, wo die Theologen das hebräisch gesungene Lied erkennen. Tatsächlich, verblüfft und ergriffen stellen sie fest, daß man auch mit den Füßen seinen Glauben ausdrücken, daß man auch ein Bibelwort tanzen kann. Es war Jesaja 52,7, ein Wort aus der Zeit des babylonischen Exils. Der Tanz drückt die ganze Erwartung der Verbannten aus: «Wie lieblich sind auf den Bergen die Füße des Freudenboten, der Frieden verkündet, gute Botschaft bringt, der Heil verkündet, zu Zion spricht: Dein Gott ward König.»

Mit seinen Gastmählern hat die Bewegung Jesu begonnen. An Hochzeiten in der Verwandtschaft, bei angesehenen Leuten oder im Hause des einfachen Petrus in Kapernaum. Bei den drei Geschwistern Martha, Maria und Lazarus. Beim Pharisäer Simon oder beim Zöllner Zachäus. Immer wurde Jesus der Tischherr, von dem so viel Ansteckendes ausging, daß das Volk ihm vertraute und auf ihn hoffte. Denn Hoffnung ging und geht von ihm und seinen Mählern aus.

Er hat die verschiedensten Menschen am selben Tisch vereinigt, damals bei jenen Essen, später drei Jahre lang im Jüngerkreis, heute beim Abendmahl. Ich stelle mir seinen Tisch gerne rund vor, ohne Oben und Unten, ohne Links und Rechts. Die Darstellungen von Felix Hoffmann und Willy Fries zum Abendmahl und zum großen Gastmahl betonen dieses Rund. Unsere Tische sind unsichtbar an seinen Abendmahlstisch angeschlossen. Man kann Abendmahl in der Kirche, man kann es zu Hause feiern. Als ersten Bissen, als ersten Schluck eines gemeinsamen Mahles, bei dem er uns verbindet.

Ich wüßte keine Stelle, wo ich mich, in Wirklichkeit und in Gedanken, lieber aufhalten möchte in unserer Welt als an eben diesem Tische. Basler und Zürcher, Franzosen und Deutsche, Schwarze und Weiße, Feinde und Freunde, Gescheite und Dumme, Begabte und Behinderte, Glückliche und Geschlagene, Fröhliche und Traurige, Männer und Frauen, Alte und Junge..., einfach alle haben an diesem Tisch, in diesem offenen Kreis Platz. Er ist durch die Zeiten aufgestellt seit zweitausend Jahren. Ein anderer reicht uns Brot und Wein, ein anderer hat uns lieb. Jeder Mensch braucht jemanden, der zu ihm hält. Hier sitzt er und teilt sich selber mit: «Mein Leib, mein Blut für euch.»

Durch die Beschreibung seiner Wiederkunft als Mahl leuchtet die Bewegung Jesu von Nazareth besonders hell hindurch. Im Gleichnis vom großen Gastmahl haben zwar die erstgeladenen Freunde gute Ausreden, warum sie nicht zur großen Hochzeit kommen können. Aber dann öffnet sich der Festsaal für so viele andere Gäste, daß man noch heute beim Lesen das Gefühl bekommt: Jesus öffnet seinen Tisch für alle Welt, für alle Kulturen und Zeiten, für alle Religionen und Rassen, ja für alle Geschöpfe (Lukas 14, 15–24).

Wenn ich bei Tagungen auf dem Leuenberg Abendmahl feiern darf, dann haben wir meistens schon einige Stunden oder Tage der Gemeinschaft miteinander erlebt. Ich kenne die Konfessionen und Weltanschauungen unserer Gäste nicht und bin froh darüber. Wenn dann im Gottesdienst der Teller mit den Brotscheiben, die Becher mit dem Wein kreisen, erzähle ich gerne von Jesu Gastmählern. Ich berichte davon, wie seine Bewegung durch die Jahrhunderte Menschen in den fünf Kontinenten ergriffen hat. Die grosse Hoffnung, die große Sache des Abendmahls Jesu fuhr ihnen ins Leben.

Ein Kreis, in welchem er die Mitte ist. Ein offener Kreis, den er schließt. Freude und Festlichkeit gehören dazu. Lied und Bewegung. Musik und Kerzen. Verständnis füreinander. Ich bin froh, daß man dabei lachen darf vor Freude. Abendmahl, das Fest der Geliebten. Das Fest des Lichtes mitten im Dunkel. Ich feiere es gerne. Diese Sprache, diese Geste versteht jeder: Jesus reicht mir das Brot des Lebens. Er reicht es mir immer mit andern zusammen, im Kreis, in der Familie, im Volk, auf seinem geliebten Erdball. Morgen-, Mittags- und Abendmahl. Auf jedem unserer Bissen liegt ein Lichtstrahl von seinem Tisch. Darum feiere ich es gerne. Und freue mich auf sein Hochzeitsmahl mit allen.

Gemeinsame Predigt

Frömmigkeit braucht den andern. Ihre Vielfalt zeigt sich erst zu zweit, zu dritt und im Kreise der Gemeinde. Es kann hilfreich sein, diese Vielfalt auch einmal durch eine gemeinsame Predigt zum Ausdruck zu bringen. Ich berichte im Folgenden vom Ergebnis eines solchen Aufeinanderhörens. Eine Gruppe von Ehepaaren war während einer Woche beisammen. Am Sonntag setzten wir uns für den Gottesdienst in einen Kreis. Lied, Gebet und Stille dienten der Sammlung. Ich schlug vor, die Predigt miteinander aufzuschreiben und sie hernach auch gemeinsam zu halten. Zwei Körbchen mit Schreibzeug und Papierkärtchen kreisten, jeder bediente sich. Dann forderte ich dazu auf, zum Stichwort «Geborgensein» in der Stille und mit viel Ruhe und Muße aufsteigende Gedanken zu notieren. Es konnte ein Gruß an jemanden im Kreise sein, eine Erfahrung, ein Bild, ein Vergleich. Niemand war gezwungen, man konnte sein Blatt auch leer lassen.

Als ich diese Art von gemeinsamer Predigt das erstemal versuchte, waren meine Frau und ich gespannt, ob der Teilnehmerkreis dabei beim Menschen bleiben oder ob da auch christliche Gedanken notiert würden. Wir sind seither jedesmal überrascht worden ob der Dichte und Prägnanz an gemeinsamem Glaubensgut, das zusammengetragen wurde.

Nach einiger Zeit der Stille sangen wir ein Lied und ließen dazu die beiden Körbe herumgehen. Jeder legte seinen Zettel hinein, wir mischten gut und ließen die Teilnehmer je einen solchen Predigtteil ziehen. Alle lasen in der Stille das Empfangene. Wer nun wollte, konnte beim gemeinsamen Halten der Predigt mittun. Er war eingeladen, sein Blatt in die Stille hinein vorzulesen. Jemand fuhr weiter, Pausen des Aufnehmens ergaben sich spontan, Gebet oder Lied schloß diesen Teil ab.

Oft habe ich eine solche gemeinsame Predigt hinterher vervielfältigt und den Teilnehmern mit nach Hause gegeben. Nachfolgend als Beispiel ein paar Teile, wie sie in jenem Ehepaarkreis laut wurden:

Geborgensein ist –
wie eine Barke auf windstillem See,
wie eine Burg, in der du sicher bist,
wie ein Mensch, von dem du unbeschränkt borgen
    kannst,
wie ein Berg, auf dessen Gipfel Gott dir nahe ist.

Geborgensein ist –
die Liebe der Mutter,
das Vertrauen der Kinder,
das Lachen der Befreiten.

Geborgensein ist –
die Hand, die dir gibt,
die Hand, die dich hält,
die Hand, in die du einstmals fallen wirst.

Geborgensein ist –
wie eine tragende Schale,
wie ein Licht mitten im Dunkel,
wie der Zuspruch von Gottes Gegenwart,
wie wenn jemand mich versteht,
wie das Angenommensein ohne Bedingungen,
wie Schalom Gottes.

Geborgensein –
ich fühle mich angenommen,
ich darf mich ausstrecken,
ich fühle mich gehalten,
ich darf alles sagen,
ich darf mich und den andern annehmen,

ich fühle mich frei, offen und unvoreingenommen für
das, was auf mich zukommt.

Geborgensein ist Ruhen im Schatten Deiner Flügel.

Geborgensein –
daheim,
bei Freunden,
in der Gemeinde,
in Jesu Liebe.

Geborgensein ist da –
wo ich verstanden werde,
wo meine Angst von mir genommen wurde,
wo Tränen der Traurigkeit in Tränen der Freude
    verwandelt werden,
wo der Mantel der Liebe um mich gelegt wird,
wo man nicht um sein Recht kämpfen muß, sondern
    sein Recht zugesprochen bekommt.

Geborgenheit kann ich nur erfahren, wo Bedrohung,
Einsamkeit und Sorgen und lauter solche alltägliche
Möglichkeiten sind. Darum will ich alles das nicht so
sehr beklagen. Ich will darin vielmehr die Chance wit-
tern, Geborgenheit zu erfahren.
Geborgenheit ist da –
wo ich mich aussprechen kann,
wo ich gut und herzlich aufgenommen werde,
wo ich weiß, wenn ich etwas Unrechtes getan habe, daß
    mir verziehen wird,
im Gebet, da man alles Gott anvertrauen kann.

Ich hebe meine Augen auf zu den Bergen. Von wo kommt mir Hilfe? Es mögen wohl Berge weichen und Hügel hinfallen, aber meine Gnade soll nicht von dir weichen.

Geschichten erfinden, Geschichten erzählen

Zum Kleid der Frömmigkeit gehört es, daß wir unsere Erfahrungen und Erlebnisse mit Gott einander anschaulich weitergeben. In Form einer Geschichte kann sich solches verdichten und dem Zuhörer einprägen. In der Regel hören wir jemandem gespannt zu, solange er in Beispielen und Erlebnissen, in Erzählungen spricht. Wir beginnen uns aber eher zu langweilen und nehmen innerlich Abstand, wenn er theoretisch, abstrakt und allgemein zu reden beginnt. Die Bibel ist ein Buch voller Geschichten, Erlebnisse und Erzählungen. Jesus hat in Gleichnissen das «Reich Gottes» anschaulich gemacht.

Eigenes Niederschreiben oder Weitererzählen von Gelesenem läßt uns in die Gestalten und ihre Erfahrungen hineinschlüpfen. Wir verkörpern sie und geben ihr Anliegen von innen heraus weiter. Unser eigenes Notieren will kein Kunstwerk sein. Das selber Empfundene und Erlebte bringt uns aber wohl innerlich weiter als das noch so hochstehende Werk eines andern, das uns mutlos macht in der Meinung, wir könnten so etwas ja doch nicht.

Ich bin gar nicht der Meinung, Frömmigkeit und Religion sei Begabungssache. Sie gehört zu jedem Menschen wie das Atmen. Unsern eigenen, einfachen Ausdruck gilt es zu finden und zu wagen. Ich gebe deshalb den Text einer simplen Geschichte wieder, die ich als junger Mensch für meine Braut schrieb. Für mich ist darin bis heute viel von meiner Frömmigkeit enthalten, viel vom Erschrecken auch vor den fatalen Möglichkeiten des sich selber zum Maßstab setzenden Menschen. Ich habe später diesen Text oft und oft als kleine Cabaretnummer erzählt. Der Leser möge sich dadurch zu eigenem Erzählen und Weitergeben von Erfahrungen des Gehaltenseins ermuntern lassen.

Der Tautropf und das Spinnlein
(Fabel für Egoisten und solche, die Egoisten liebhaben)

Ein Spinnlein hatte sein Netz gewirkt. Die aufgehende Sonne beschien die Silberfäden, die dünn und zart in der Luft zitterten und die lustig funkelten und glitzerten.

Das Spinnlein war ganz erstaunt und wagte sich gar nicht auf die Fäden hinaus, so fremd und prächtig kam ihm das Gefunkel vor. Denn die Nacht hatte ihre Tränen auf der Erde gelassen, und diese hingen gleißenden Perlen gleich vor den Augen des Spinnleins.

In der Mitte des Netzes hing ein besonders großer Tautropf, der sich auch immer mehr in der Sonne blähte, die Backen aufblies und sich breitmachte. Die kleineren Brüder liefen eilig zu ihm hin, und er schluckte sie alle der Reihe nach auf und wuchs und wuchs.

«Was für ein Kerl bin ich», brummte er, «daß solche Leitungen nötig sind, um mich zu speisen. Wie großartig hab ich doch dies System ausgeklügelt!» Wohlgefällig betrachtete er die nächsten Fäden, die er um sich her sah und die schnurgerade zu ihm herführten. Der

Tautropf fühlte sich als Mittelpunkt und begann eine geordnete Anschauung seiner Welt zu erdenken.

Er hatte schon bald die ganze Stufenleiter der zu vergebenden Würdentitel sich zugeteilt und war gerade daran, allmächtig zu werden. Da – war's das Spinnlein, das sein Werk betrat, war's der Morgenwind, wer weiß? – pumps, zersprang er.

Geschichten, Erfahrungen und Erlebnisse können jahrelang in uns reifen. Wir tragen sie mit uns herum. Wir kehren zu ihnen zurück, wir erinnern uns. Ein Schriftsteller hat mir einmal auf die Frage, worauf es beim Buchschreiben ankomme, geantwortet: «Daß ich jeden Tag einen Satz schreibe!» In diesem Tempo reifen auch die Erfahrungen unserer Frömmigkeit in uns.

Ich kann mich in meinem Leben gerade für ein paar wenige Dinge einsetzen. Ein Anliegen, eine Erkenntnis kann ich zu leben versuchen, mehr nicht. Aber dies lebenslang. Das Aufschreiben hilft mir auch hier. Ebenso das immer wieder neue Lesen. Die Bibel ist nie ausgelesen. Geschichten, die mir etwas bedeuten, kann ich immer wieder hervornehmen. Ganze Bücher werden mir so innerer Besitz. Ich teile meine Geschichten und Erlebnisse mit andern. Bin ich allein, sind ihre Geschichten bei mir. Im Innersten lese und erlebe ich sie vor Gott.

Eigene Gebete

Meine Gebete haben verschiedene Quellen. Ich möchte hier nur auf zwei Möglichkeiten hinweisen. Die erste Art von Gebeten hat ihren Ausgangspunkt bei bibli-

schen Texten, im Folgenden ist es die Passion, das
Leiden Christi. Dies ist ein von vielen gegangener
Stationsweg, Schritt um Schritt. Das Gebet gibt die
eigene Betroffenheit wieder.

Die zweite Art sind Gebete, die das Tagesgeschehen
aufnehmen. Sie kehren Woche um Woche wieder und
verarbeiten neue Ereignisse und eigene Erlebnisse. Mit
beidem möchte ich den Leser auf seine eigenen Möglichkeiten hinweisen.

Am Boden

Du kniest am Boden und wäschest uns die Füße.
Wir krempeln die Kleider hoch und sitzen verlegen da.
Du aber trocknest dem, der sich wehrt, den Fuß.
Ganz gesammelt gibst du dich dem einen hin:
    Füßewaschen.

So war dein ganzes Leben.
Hell leuchtet es auf im Abschied.
Liebeszeichen, Wegstrecke Gottes.
Du zu unterst – wir darhaltend deiner Gnade.
In der Tiefe wird es licht.
Welche Kraft in deinem Hingeben.
Welch beredte Sprache in deinem wortlosen Handeln.
Du änderst die Welt auf diese Weise.

Ich erinnere mich meiner Taufe auf deinen Namen.
Wasche mich, brauche mich, Herr.
So frei bist du, daß du auf alle Stärke verzichten kannst?
Welche Umkehrung aller Dinge.

Fußwaschung (Johannes 13, 1–20)

Im Garten

Du bist allein mit deiner Angst.
Nur ein alter Ölbaum ist Zeuge deines Todeskampfes.
Tiefer kann einer nicht mehr zu liegen kommen,
   so ausgestreckt.
Dunkelheit ist um dich her.
Du ringst die Hände.

Blut habest du geschwitzt.
Nur Gott selber hat dich so gesehen.
Du kommst mir ganz nahe.
Liegst du an jeder tiefsten Stelle mit dabei?

Beim Verzweifelnden, beim Hungernden,
   beim Sterbenden?
Beim Ausgestoßenen?
Bei denen, die keinen Sinn mehr sehen?
Bei den Entrechteten und Hoffnungslosen?
Und bei allen andern?

Gethsemane ist für mich jener Ort,
Da du mehr als «einer von uns» wirst, viel mehr.
Da es keinen Platz oder Raum,
Keine Zeit und kein Geschöpf mehr gibt,
Wo du nicht bist und danebenliegst.

Daß es dir so schwer wurde, hilft uns allen.
Daß du, lieber Bruder, unten bist.

Gethsemane (Matthäus 26, 36–39)

Gefangen

Bis zuletzt haben die Freunde gehofft,
Du werdest doch noch durchgreifen.
Jetzt aber verlassen sie dich und fliehen.

Mitten im Knäuel der gestiefelten Schergen,
Gepackt und gefesselt,
Gestoßen und geschlagen,
Blickst du zurück.

Du bist der Erste in einer langen Reihe.
Geschundene, Gequälte, Gemarterte.

Ich werde deinen Blick nicht mehr los.
Ist dies der einzige Weg in unserer Welt?
Hinter dir her?
Dir nachfolgen auf dem Weg,
Den du hier unter die Füße nimmst?

Gefangennahme (Matthäus 26,47–56)

Verurteilt

Blutig geschlagen und angespieen,
So stehst du vor dem Hohepriester.
Falsche Zeugen füllen die Luft mit Anwürfen.
Du aber schweigst.

Er fragt dich, ob du der Christus seiest.
Er beschwört dich bei Gott um Antwort.
Du gibst sie ihm.
«Ja, du seiest der Christus.»
Es kostet dich das Leben.

Wie soll er dich erkennen?
Wie sollen wir dich erkennen?
Lieber Bruder, so zur Wahrheit stehen im Gericht,
Tust du das tatsächlich um unseretwillen?

Muß es denn sein?
Geht es nicht anders?
Nur so bist du der Christus,
Gottes Inkognito?

Verhör vor dem Hohen Rat (Matthäus 26,57–66)

Verleugnet

Während du im Palast drin vor Gericht stehst,
Wärmt sich dein Petrus am Kohlenfeuer.

Wie rasch ist er bereit, dir abzuschwören.
Sein Schatten folgt ihm:
Angst vor Entdeckung.
Angst ums nackte Leben.
Mit beredter Geste steht er da:
«Jesus von Nazareth? Nie gehört.»

Daß er dieses Ereignis nicht unterdrückte.
Daß er es selber offenbar weitererzählte.

So nimmst du ihn, den Führer deiner Schar,
In deine Nachfolge?
In unsrer Schwäche leuchtet unsre Bedürftigkeit?
Mit uns hast du dich eingelassen, so wie wir sind?
Petrus, einer von uns?
Petrus, einer der deinen?

Verleugnung des Petrus (Matthäus 26,69–75)

Zwei Welten

Man hat dich der Besatzungsmacht übergeben.
Pilatus soll dem Volke gefällig sein und dich verurteilen.
Er aber findet keine Schuld an dir.

Der Römer erklärt den Christus für schuldlos.
Mich dünkt, die Weltgeschichte hält den Atem an.

Ein Diener tritt ein, mit der dringenden Botschaft
Von Pilatus' Frau auf den Lippen:
«Laß diesen Gerechten in Ruhe!»

Deine Worte zeigen an,
Daß du auch hier zur Wahrheit stehst.
Daß du auch hier deinen Auftrag wahrnimmst,
Menschensohn und Christus zu sein.

«Mein Reich ist nicht von dieser Welt!»
Wie soll dein Gegenüber solches verstehen?
Möchte er dich freilassen?
Wer ist hier der Freie,
Wer der Gebundene?

Herr, mir fährt ins Herz,
Wie froh ich bin,
Daß ich meinen letzten Richter kenne.
Du bist es selber, Du!

Jesus vor Pilatus (Johannes 18, 28–40)

Das Kreuz nehmen

Pilatus streckt die Hände der Unschuld von sich
und beugt sich dem Urteil des Volkes.
Du aber nimmst das Kreuz auf dich
Und bückst dich unter das Unrecht.

Zerfetzt ist deine Würde,
Zerschlagen deine Zukunft,
Zerbrochen dein Wirken,
Das kaum ein paar Jahre gewährt hat.
Du zählst die Schritte des Todes vor dir.

Der Weg nach Golgatha begann,
Als du in Bethlehem im Futtertrog lagst.
Was hast du alles auf dein Kreuz geladen?
Ich bitte dich, sei mit jedem,
Der heute solchen Weg vor sich hat.

Pilatus wäscht seine Hände (Matthäus 27,24 und 25)

Am Kreuz

Unter schwarzem Himmel hängst du.
Es ist, als trügest du alle Dunkelheit.
Dein gemarterter Leib ist erstarrt
Im stundenlangen Hangen.

Mit dir gekreuzigt die zwei andern,
Deine Gefährten im Tod.
Unten stehen deine Freunde
Im Grauen der Verlassenheit:
Gott selbst ist tot!

Dein geöffneter Mund hat keine Schreie mehr.
Deine Augen sind gebrochen.
So hängst du zwischen Himmel und Erde.
So hängst du auf Altären, an Zimmerwänden,
In Museen, an Kathedralen und Wegkreuzen.

Statt herabzusteigen,
Stirbst du durch den Tod hindurch.
Statt auf dich zu sehen,
Hast du dich ganz entäußert.
Statt zu richten und zu urteilen,
Hast du dich ausstoßen lassen.

Zum Himmel schreiend.
In äußerster Not zu Gott rufend.
Erstling derer, die sich in Gottes Hände fallen lassen.

Golgatha (Matthäus 27,45–50)

67

Begraben

Während die Freunde dich ins geliehene Grab legen,
Bedenke ich die Tiefe deines Todes.
In jedem Grab irgendeines Menschen
Liegst du unsichtbar dabei.

Wenn das Weizenkorn nicht sterbe,
Bringe es keine Frucht, hast du gesagt.
Nun erfüllt es sich an dir.

Du wirst begraben in der harten und ehernen Kette,
Die bei Adam begann.
Hoffnungsvoll beginnendes Leben und Licht
Immer endend in Sterben und Dunkel.

Daß du bei uns bist im Tod,
Daß du ihn auch durchlitten hast,
Daß du so menschlich wurdest,
Verwundbar, verletzlich, auf andere angewiesen:
Das bricht alle Einsamkeit auf.

Dein Kreuz steht auf unsern Gräbern.
Es verbindet uns mehr,
Als der Tod uns trennt,
Mit denen, die uns vorangingen,
Ohne daß wir sie kannten,
Und wäre es die eigene Mutter.
Du stirbst auch unsern Tod?

Grablegung (Matthäus 27, 57–61)

Auferstanden

Mit Urgewalt brichst du durch.
Es ist Gott selber, der dich ruft.
Wie weggeschleuderte Kegel
Liegen die Wächter am Boden.
Vor der dunkelsten Stelle,
Vor der finstersten Schwärze,
Reibst du dir den Todesschlaf aus den Augen
Und gehst Gottes Welt entgegen.

Du Anführer des Ostertanzes,
Du Erstling des Reichs,
Du verwandelter Christus!
Dies ist die Geburtsstunde unseres Lebens,
Der Anfang unserer Hoffnung,
Der Inhalt unserer Freude.

Ich lebe gern von Ostern her, und auf Ostern hin.
Ziel deines Lebens, Beginn meines Seins.

O Herr, laß mich deinen ganzen Weg
Wieder und wieder mitgehen
Bis hieher, bis zur Quelle, wo
Licht stärker ist als Dunkel,
Friede mächtiger als Streit,
Leben größer als Tod.
Laß es mich ausrufen und daraus leben.

Auferstehung (Matthäus 28, 1–8)

Die nachfolgenden Gebete sind als ein Anfang gemeint. Jeder Leser möge selber weiterfahren, je nach seinen Erlebnissen und seiner jeweiligen Lage.

Sonntag

Herr und Bruder!

Ich bin froh, daß du es immer wieder Sonntag werden lässest. Ich danke dir für die Einladung zu deinem Fest, die Erinnerung an dein Kommen. Dein Auferstehungstag als Wochenbeginn! Er hilft mir, mein Leben immer wieder neu zu beginnen, dir entgegen.

Wenn wir bei Tisch singen, wenn wir eine Kerze anzünden, wenn wir uns die Hand geben, schenk einen Schimmer von deinem Licht in unser Beisammensein, in unsere Gespräche, in unser Aufatmen und Freisein. Gib auch denen, die eine gleitende Arbeitswoche haben, eine Ruhepause vor dir.

Heute versammeln sich an vielen Orten auf unserer kleinen Erde Menschen zur Gemeinde, zur Kirche. Du bist einer von uns geworden und verstehst deshalb besonders gut, warum ich dich um deinen Geist für Kirchgänger und Daheimgebliebene bitte. Brich durch alle Religionen und Kulturen hindurch und erleuchte uns mit deiner Erscheinung, deiner Kraft und deiner Führung.

Ich denke daran, daß vor und nach aller Arbeit und Mühe das immerwährende Fest der von dir Geliebten währt. Ich denke an die Ausflügler und an die Menschen in ihrer freien Zeit. O Herr, wende die Herzen der Menschen zueinander. Ich bitte dich um einen Vorschein deines kommenden großen Sonntags in unsere Welt hinein.

Ich denke besonders an alle, welche krank, traurig, ohne Nahrung oder im Gefängnis sind. An die, welche heute sterben. An die, welche ausgelacht, gequält oder getötet werden. Laß auch mich tun, was ich vermag, damit Frieden auf unserer Erde werde. Treib die schlechte Luft zwischen den Völkern weg. Gib den Regierungen, den Eltern, den Lehrern und Meistern ein empfindliches Gewissen und die rechten Gedanken. Laß uns nicht am Rande des Krieges dahintorkeln, sondern schenk heilende Besinnung. Auch dieser Sonntag bringt uns dir ein Stück näher. Laß ihn zum Anfang des Dankes werden.

Montag

Lieber Bruder

Du hast als Zimmermann gearbeitet. Du hast für Mutter und jüngere Geschwister verdienen müssen, jahrelang. Du weißt, wie das ist am Montag, bei Arbeitsbeginn.

Ich möchte sie alle heute vor dich bringen. Die Angestellten in den Geschäften und Büros. Die klingelnden Telefonapparate, die Telexbänder, die klappernden Schreibmaschinen, die heulenden Motoren, die rauchenden Kamine. Börsenkurse, Lebensmittelpreise, Autokilometer. Das ganze Nervensystem heutiger Informationskanäle.

Ich denke an die Redaktionsbüros der Massenmedien. Welche Schlagzeilen prägen den heutigen Tag? An die Schüler in den Schulstuben. Welche Schritte des Menschseins gehen sie heute? An die Studenten in den Universitäten. Ob sie Wege für unsere gemeinsame Zukunft finden? An die Gießer und Schlosser in den Fabrikhallen. Ob ihrer Hände Werk ihnen Erfüllung bringt? An die Politiker an ihren Konferenzen. Ob sie den Friedenswillen ihrer Völker hinter sich spüren? An die Behörden in ihren Sitzungen und Gesprächen. Wie werden ihre Entscheide sich auswirken? Das ganze pulsierende Leben des Montags lege ich vor dich hin.

Ich gedenke derer, die keine Arbeit haben. Oder keinen gerechten Lohn dafür empfangen. An die, welche keinen Sinn und keine Zukunft sehen. An die, welche sich überarbeiten und abhetzen. An die, welche sich wehtun, Krach schlagen oder zertrampelt werden. An die, welche dunkle Machenschaften aushecken und sich an andern bereichern.

Schenk du Sinn in unsere Arbeit. Einen Tropfen Öl in die heißgelaufenen Maschinen unserer Zeit. Gib uns Ausblick und Freude, Gemeinschaft und Verständnis.

Laß uns den Erdball nicht ausbeuten, sondern als deine Schöpfung bewahren. Lebensrecht für alle Geschöpfe beginnt in meinem Tun. Wandle und brauche du es.

Dienstag

Herr!
Es gehen so viele Gräben quer durch unsere Zeit.
Unsere Erde steckt voller Grenzpfähle und Garten-
zäune. Da und dort sind die Schlagbäume noch verstärkt
durch elektrisch geladene Drähte, durch Wachtürme,
von denen geschossen wird. Hast du denn nicht gemeint,
die Vielfalt der Rassen und Begabungen, der Meinun-
gen und Überzeugungen solle sich ergänzen?
Oft bin ich betroffen ob den schroffen Gegensätzen,
auch in den Kirchen. Das Reden und Urteilen übereinander nimmt mir den Atem. Sensible Ohren ver-
nehmen den Seufzer, mit dem sich unsere Erde dreht.
Daß so viele hungern und geknechtet werden! Gib Aus-
dauer, Herr. Schenk langen Atem.
Ich möchte dir heute danken für alle Bemühungen um
Gerechtigkeit. Für alle Liebe und alles Entgegenkom-
men. Für jene, die unverdrossen und tapfer sich einsetzen, damit es da und dort zu ein wenig Wärme, Güte,
Beherztheit und Hoffnung komme.
Was ist ein solcher kleiner Menschentag vor dir. Was
ist er innerhalb deiner Welt. Für mich aber ist er wichtig. Es kann jemand heute verzweifeln. Es kann aber
auch jemand dir ein Stück entgegenwachsen. Laß mich
jede Bewegung aus deinen Händen empfangen. Laß
mich in allem Tun und Reden mit meinen Mitmenschen
daran denken, daß es das letztemal sein könnte.
Allzu viele stehen auf der Schattenseite des Lebens.
Und ich gehöre einem der reichsten Länder der Welt an.
Das treibt mich um. Gib jedem von diesen vielen Mit-

73

menschen in Not mindestens einen, der ganz zu ihm
hält. Ich brauche ja solche Zuwendung auch jeden Tag.
Laß nicht zu, daß die einen einander zu helfen suchen,
und andere machen es gleich wieder zunichte. Lenke die
Verantwortlichen für unsere Weltwirtschaftsordnung.
Ich weiß, es beginnt bei mir.

Mittwoch

Herr und Gott!

In der Mitte der Woche frage ich mich nach dem Sinn
meiner Zeit. Was habe ich erreicht? Wozu verwende ich
die geschenkte Zeit? Manchmal habe ich das Gefühl,
daß ein Leben nur gerade für eine Sache reicht. Nicht für
vielerlei möchte ich leben, sondern für Eines. Nur dieses
Eine möchte ich verwirklichen: etwas mehr Versöh-
nung, etwas mehr Hoffnung. Es ist immer nur ein Anfang. Die Erfüllung liegt bei dir. Ich muß es nicht selber
erzwingen. Das entlastet mich.

Ich denke in der Stille an die Menschen des heutigen
Tages. An die Kinder und Jugendlichen, die einen schul-
freien Nachmittag haben. Gib ihnen Erfüllung in ihrer
Freizeit, im Chor, in der Gruppe, beim Hobby. Ich
denke an alte Leute, die bei einer Tasse Kaffee einen
Besuch empfangen oder allein sind. Es kommen mir
Menschen in den Sinn, welche das Gefühl haben, am
falschen Platz zu sein. Sie haben Mühe mit Vorgesetzten.
Sie haben keinen Erfolg und fühlen sich angegriffen.
Ich lege die Not derer vor dich, welche ihre Zeit tot-
schlagen oder im Gegenteil verlorene Zeit einzuholen
suchen.

Ich lege Anfang, Mitte und Ende meiner und aller Zeit in deine Hände. Ich möchte von zehn wichtigen Dingen nur eines tun, dieses aber mit Zeit, sorgfältig und besonnen. Eigentlich möchte ich besser hören und spüren lernen, was du mit unserer Zeit tust und im Sinn hast. Von daher möchte ich ins Leben treten.

Donnerstag

Lieber Herr!

Heute tönt es mir in den Ohren, wovon unsere Zeitungen voll sind: Wir leben in einer Katastrophenwelt. Die Erde hat die Grenze ihrer Belastbarkeit erreicht. Ich überlege, was morgen oder in ein paar Jahren unsere Gedanken erfüllen wird. In dieses Auf und Ab, in dieses pausenlose Hin und Her bitte ich dich um Wegweisung.

«Institutionalisiertes Unrecht» gehe um, sagen die einen. Nach Veränderung rufen andere. Der Mensch ist zum Guten und zum Bösen fähig. O Herr, schenk in alle diese Wandlungen und Erschütterungen hinein Menschen, die aus dem Vertrauen auf dich leben und sich für die Erhaltung und Entfaltung des irdischen Lebens einsetzen, solange es Tag ist.

In allen Religionen leben Ahnungen deiner Gegenwart. In allen Nationen pulsiert die Sehnsucht nach wirklichem Frieden. Gewöhnliche Menschen versuchen eigenes Unrecht zu sühnen. Fehler und Schuld werden eingestanden. Jemand beginnt wieder neu. Laß solche Anfänge nicht vergeblich sein.

Laß mich bereitwillig auf eigenes Recht verzichten. Mache mich empfindlich dafür, wenn anderen Unrecht widerfährt. Das in mir pulsierende Blut hat in allen Menschen dieselbe Farbe. Du bindest uns zusammen. Der Weg zum andern geht über dich. Hilf mir, die Freude darüber immer wieder neu auszudrücken, daß dein Schutz uns umgibt, auch wenn wir dich nicht spüren.

Ich bin darauf angewiesen, nicht allein zu bleiben. Gedanken und Gefühle, Ziele und Pläne möchte ich mit andern teilen. Sei in jeder Begegnung und in jedem Gespräch verborgen dabei.

Freitag

Bruder!

Heute gedenke ich besonders der Zeit, da du einer von uns geworden bist. Deiner Lebtage bist du auf unserer Seite gestanden und hast den Leuten geholfen und zu ihnen gehalten. Manchem hast du neue Hoffnung, Wärme und Zuversicht gebracht. Und schließlich bist du den Passionsweg gegangen, hast dich auslachen und quälen lassen, bist unschuldig vor Gericht gestanden und hast sogar das Todesurteil auf dich genommen.

Ich breite das Leben derer vor dir aus, die heute aus der Fünftagewoche heimkehren. Überlandchauffeure, die irgendwo unterwegs übernachten. Betriebsleiter, die sich auf einen freien Abend freuen. Familien, die das Wochenende planen. Ehepartner, die einmal keine Verpflichtungen haben und einander gehören dürfen.

Gleichzeitig bringe ich jene vor dich, die ein einsames Weekend vor sich sehen oder vor den abgestellten Maschinen die Leere nicht aushalten. In Spitälern, Heimen und Pflegestationen wenden sich viele vergeblich der

Türe zu, die sich für sie nicht öffnen wird. Leidender Christus in deinen Geschöpfen.

Aber auch an die Leute vom Unterhaltungsprogramm denke ich, die den Abgehetzten Erleichterung verschaffen sollen. An die Bahnangestellten, die Polizisten, die Gastgewerbemitarbeiter, die Taxichauffeure und Freizeitfachleute, an die Medienschaffenden und Reporter, ja an alle Menschen unterwegs zu Wasser, zu Land und in der Luft.

Schenke uns in allem Betrieb drin wenigstens einen Fetzen vom Anblick deiner Gnade. Oder komm besser so nahe zu uns, daß wir spüren, wie du uns hältst und liebst.

Samstag

Dreieiniger Gott!

An diesem letzten Tag der Woche möchte ich ein wenig Rückblick und Ausschau zugleich halten. Dabei fährt mir durch den Sinn, daß im Schöpfungsbericht des Alten Testaments jeder deiner Tage mit dem Abend beginnt, ja jede Nacht zwischen zwei Tagen eingeklemmt ist. So steht auch die Woche zwischen zwei Sonntagen. Ich bereite mich für den morgigen Tag vor. Gleichzeitig schimmert für mich deine Ewigkeit hindurch. An der Schwelle von einer Woche zur andern halte ich den Schritt an und freue mich am Blick in deinen Himmel.

Heute kommen Menschen, welche durch die Arbeitswoche getrennt waren, wieder zusammen. Es treffen sich Freunde und Bekannte, Nachbarn und Altersgenossen. Auf Sportplätzen, in Turnhallen und draußen in der

Natur werden Kräfte gemessen. Es wird gewandert und gespielt. Theaterbesuche und Städterundfahrten werden unternommen. Touristik geschieht. Jemand beginnt seine Ferien. Irgendwo wird ein Fest gefeiert. Menschen treffen sich, unterhalten sich, freuen sich. Einer starrt in einen leeren Topf. Einer schläft aus. Einer entdeckt die Stille des Nichtstuns und Entlastetseins.

Herr! In dem allem drin bist du verborgen. Du belebst uns mit deinem Atem. Gib Gnade unserer Zeit. Gib Durchblicke zu dir. Unser Leben geht vorbei wie ein Hauch. Was von uns bleibt, ist ein wenig Zuneigung, ein Stück Vergebung, eine Handvoll Wärme. Ich bitte dich darum, daß wir die Zeichen lesen lernen, die du um uns aufgerichtet hast. Die Sonne als Hinweis auf deine Gegenwart. Die Mitmenschen als Hinweis auf deine Zuwendung. Die Steine, Pflanzen und Tiere als Hinweis auf deine Fülle und Kraft. O daß der Tag anbreche, da der Kosmos in allen Spiralnebeln und Sonnensystemen zittert ob deinem Kommen.

Unterdessen halte ich mich an die gebrechlichen Zeichen, die wir als Menschen einander geben können. An dein Kreuz, in welchem du die Mitte bist. An einen Kreis, den du um uns schließest. An die Texte der Bibel. An die Worte und Taten deiner Zeugen in Vergangenheit und Gegenwart. Du allein kennst deine Gemeinde. Du siehst tief bis auf den Grund unserer Sehnsüchte. Du trägst uns hindurch. Wenn ich verstumme, beginne du zu reden. Wenn ich sterbe, erwecke du mich. Ja, komm, Herr, ich freue mich auf deinen Sonntag.

Nicht immer brauchen wir zu reden. Das gesammelte Schweigen kann mehr sein als Worte. Gegenstände, Zeichen und Symbole um uns können uns dabei helfen. Unsere Wohnungseinrichtung ist ein Teil unserer Persönlichkeit. Die Bilder an den Wänden sind ein Stück von uns. Gegenstände, mit denen Erinnerungen verbunden sind. Fotos auf dem Arbeitstisch, Geschenke, Bücher, Pflanzen, Sammlungen. Mit jedem ist eine bestimmte Geschichte verbunden.

Hieher gehört auch die eigene Textsammlung. Auf Karten, schön geschrieben, irgendwo ausgeschnitten, gelesen und abgeschrieben. Während Tagen oder Wochen am Arbeitsplatz aufgehängt, so daß mein Blick darauf fallen kann. Im Folgenden als Beispiele ein paar Worte, mit denen ich schon viel gelebt und erlebt habe.

Nicht das Beginnen wird belohnt, sondern einzig und allein das Durchhalten.   (Katharina von Siena 1347–1380)

Der Glaube, senfkorngroß, versetzt den Berg ins Meer: Denkt, was er könnte tun, wenn er ein Kürbis wär.
(Angelus Silesius 1624–1677)

Nichts wird so oft versehentlich geöffnet wie der Mund.   (Aus China)

Wälze die Last deines Weges auf den Herrn, und im Vertrauen zu ihm ruhe, er wird handeln.   (Psalm 37,5)

Was es auch Großes und Unsterbliches zu erstreben gibt: Dem Mitmenschen Freude zu machen ist doch das Beste, was man auf der Welt tun kann.

(Peter Rosegger 1843–1918)

Ist Gott für uns, wer mag gegen uns sein?

(Paulus, Römerbrief 8, 31)

Uns gehört nur, was wir lieben können.

(Cosmus Flam)

Mors porta vitae / Der Tod ist das Tor zum Leben.

(Inschrift auf einem Friedhofstor)

Denn dazu bist du auf der Erde, damit es durch dich heller werde.
(Spruch auf einem Taufzettel)

Wer Gott aufgibt, der löscht die Sonne aus, um mit einer Laterne weiter zu wandern.

(Christian Morgenstern 1871–1914)

Gott ließ uns fallen, und so stürzen wir denn auf ihn zu.
(Schlußsatz der Kurzgeschichte «Der Tunnel»
von Friedrich Dürrenmatt, geb. 1921)

Gemeinde

Mut zum Gemeinsamen

Dies Büchlein erzählt vom Weg und vom Suchen eines einzelnen. Auch und gerade religiöse Erfahrungen werden ja auf individuell ganz unterschiedliche Weise gemacht. Ich erzähle vom eigenen Alltag und denke gleichzeitig an andere Menschen, welche auf ähnliche Weise durchs heutige Leben gehen. Ab und zu kommen wir in Gemeinschaft mit andern, aber unsere Verpflichtungen haben wir in einem je anderen Tagesablauf. Wir sind in Familien beisammen oder wohnen allein. Aber eingespannt in ein Netz von Anforderungen der vielfältigsten Art sind die meisten von uns. Wir können weder uns zurückziehen noch aus unserem Umkreis ausbrechen. Unsere Frömmigkeit muß sich mitten in unserem Alltag drin bewähren.

Ich versuche auch hier im Schlußteil auf ein paar Dinge hinzuweisen, die mir selber helfen. Mich will dünken, es sei heute nicht immer gut, wenn wir mit unserer Frömmigkeit allein bleiben. Ich jedenfalls bin froh, wenn andere Menschen mich mit hineinnehmen in ihre Andacht, so daß es unsere gemeinsame Feier wird.

Unsere Familien wachsen und werden wieder kleiner. Je nach dem persönlichen Lebensschicksal sind sie eine

Hausgemeinde, die länger oder kürzer beisammen bleibt. Als Jungverheiratete waren wir in Gebet und Lektüre zunächst zu zweit. Später kamen die Kinder hinzu. Die Form wandelte sich: Vom Gutenachtgebet zum Singen bei Tisch über sonntägliches Bildbetrachten und Hörfolgeanhören. Vom Musizieren zum Gespräch, vom Tischgebet reihum zur Bibellese vor dem Mittagessen. Sind die Kinder ausgeflogen, ist man wieder zu zweit oder gar durch den Tod des Ehegatten allein.

Vieles ändert sich in der Hausgemeinde. Was aber bleibt, ist die Gemeinde im größeren. Ich bin froh, daß ich zu einer solchen gehöre. Wo ich auch hinkomme, immer ist dort eine Ortsgemeinde, die mich aufnimmt. In allem Wechsel der Jahrhunderte, im großen Auf und Ab der menschlichen Geschichte und im kleinen Einzelschicksal drin bleibt diese Konstante seit der Urchristenheit: Gemeinde.

Gemeinsamer Gottesdienst

Es scheint mir gut, daß die Glocken läuten, wenn es Sonntag ist, und nicht erst dann, wenn ich es möchte. Sicher ist es wichtig, daß ich mich die ganze Woche hindurch in meiner stillen Zeit auf den Kirchgang vorbereite. Es liegt ein tiefer Sinn darin, daß unsere Wochen mit dem Sonntag beginnen und nicht mit ihm enden. Die Gemeinde wird sich am Auferstehungstag ihres Herrn noch versammeln, wenn dieser längst nicht mehr gesetzlicher Feiertag sein wird. Wenn dies Büchlein mit dem Gottesdienst in der Kirche aufhört, so möchte ich darauf hinweisen, daß ich diesen Schluß als einen Beginn, als den Anfang der eigenen Frömmigkeit betrachte. Und beginnen tut diese immer wieder im gemeinsamen Gottesdienst.

Ich möchte ein paar eigene Erfahrungen mit Gottesdiensten erzählen. Sicher stehen auch hier viele Möglichkeiten nebeneinander. Eine entscheidende Erleichterung, überhaupt hineinzukommen und von Herzen teilnehmen zu können, sehe ich aber darin, daß es «gemeinsame Gottesdienste» sind: von möglichst vielen gemeinsam vorbereitet, von möglichst vielen gemeinsam gehalten und innerlich nachvollzogen.

Elemente der Feier

Die Spatzen pfeifen bis zum Überdruß von den Kirchendächern, was an unsern gottesdienstlichen Feiern alles renovationsbedürftig, abbruchreif, langweilig oder unwirksam sei. Ich staune darüber, daß sich die Gemeinden überhaupt noch und immer wieder durch die Zeiten versammelt haben und versammeln. Deshalb möchte ich als jemand, der leidenschaftlich auf «beiden» Seiten, als Pfarrer und als Gemeindeglied, engagiert ist, ein Lob des Gottesdienstes anstimmen in der Richtung: Welche Elemente haben mir geholfen bei der Durchführung und bei der Teilnahme?

Eigene Vorbereitung: Ich habe mit Freuden an den liturgisch unterschiedlichsten Gottesdiensten mitgewirkt. Immer habe ich dabei erfahren, daß es auf mich selber ankam, ob ich daraus etwas gewinnen und mit heimnehmen konnte. Meine Vorbereitung, meine eigene Bitte um Gottes Geist und Gegenwart ist offenbar entscheidender als alle Form und aller Aufbau der jeweiligen Feier. Aus einem Liedvers, einem Gebetssatz, einem Predigtteil kommt ja Gottes Anruf auf mich zu. Ich bitte ihn, das Menschenwort in mir zu seinem Wort zu machen.

Thema: Trotzdem habe ich im Laufe der Zeit ein paar äußere Dinge festgestellt, die es mir erleichtern, einen Gottesdienst von Herzen zu feiern. Dies führt dazu, daß ich bisherige Elemente bewußter gestaltet habe.

Mir hilft enorm, wenn das entsprechende «Thema», der betreffende Bibeltext in den verschiedenen gottesdienstlichen Elementen immer wieder auftaucht. Nicht vielerlei Gedanken wechseln miteinander, sondern ein einziger wird von verschiedenen Seiten immer wieder aufgenommen. Lieder, Gebete, Lesungen, Szenen, Bilder, Chorwerke und Orgelmusik nehmen das Thema je in ihrem Lichte auf.

Beteiligung aller: Aus vielen Echos, Briefen und Gesprächen weiß ich, daß ich nicht alleinstehe mit der Meinung, es helfe der inneren Anteilnahme sehr, wenn wir auch äußerlich beteiligt werden. Nur schon die Lesung im Wechsel von Psalmen, anderen biblischen oder zeitgenössischen Texten kann hier helfen. Oft haben wir zunächst in der Stille diese Worte vom vervielfältigten Blatt gelesen. Hernach sprachen wir sie laut abwechselnd in zwei Hälften. Wertvoll dünkte mich auch «offenes Singen». Nur eine Zeile eines Liedes wird einstimmig und im Kanon gesungen. Jedermann kann auf Anhieb mitsingen, das Thema des Gottesdienstes geht im Lied in mich hinein.

Auch das religiöse Bild, das in Postkartenformat

jedem in die Hand gegeben wird und als Bildbetrachtung im Predigtteil vorkommt, kann zur Vertiefung viel beitragen. Oft habe ich Zeichen des Weiterwirkens bekommen, wenn das ausgelegte Bild zusammen mit einer beigefügten Erklärung heimgenommen werden konnte.

Und wie oft habe ich es erlebt, daß selber erarbeitete gestalterische Aussagen sowohl dem vorbereitenden Kreis als auch dem Gottesdienstteilnehmer besonders viel mitgaben (Szenen, Plakate, Sprechtexte). In den kunstlosesten Formen wirkten sie am glaubwürdigsten und stärksten, weil das Wesen der Beteiligten darin spürbar war.

Vorbereitung durch viele: Auch hier bemerke ich nur ein paar im Grunde selbstverständliche Dinge, die mir im Laufe der Jahre aufgefallen sind. Ich halte die äußeren Formen nicht für unwichtig. Auch wenn es hier nur um das Kleid des Gottesdienstes geht, es ist nicht Nebensache. Wir heutigen Menschen müssen hineinschlüpfen können.

Ich habe an mir selber erfahren, wie unmöglich es ist, allein einen Gottesdienst vorbereiten zu müssen. Während Jahren habe ich dies getan. Heute bin ich froh um jede Möglichkeit gemeinsamen Mittragens und Mittuns eines vorbereitenden Kreises, ja der ganzen Gemeinde. In jedem Kreis, in jeder Gemeinde sind andere Elemente des Gottesdienstes nötig oder wichtig. Wie alle Formen der Frömmigkeit, so werden sich auch diejenigen des Gottesdienstes wandeln. Die Mannigfaltigkeit der Gaben aber wird so eher aufleuchten.

Die Gruppen, welche sich zur Vorbereitung einfinden,

die Kreise, welche dabei entstehen, werden wechseln. Es bleibt der gemeinsame Auftrag für unsere heutige Zeit. Niemand kann seinen Glauben nur für sich leben. Wir brauchen einander als Gemeinde. Ich wünsche dem Leser auf diesem Wege viele gute Anfänge. Er lasse es sich dabei nicht verdrießen, immer wieder neu zu suchen. Das Gotteslob will auch in den Gottesdiensten des zwanzigsten Jahrhunderts mit unsern eigenen persönlichen Gaben und Kräften angestimmt werden.

Rückkehr ins Leben

Was nehme ich heim aus dem Gottesdienst? Unabhängig von dessen äußerer Gestalt. Was nehme ich aus meiner stillen Zeit in mein Leben hinein? Wohin kehre ich zurück? Welches Licht leuchtet in meine kleine und große Welt? Hilft mir Frömmigkeit wirklich?

Ich möchte persönlich antworten. Ich kann einem Gottesdienst schlecht folgen, wenn seine Elemente sich ohne Pause folgen. Ich bin froh um etwas Stille. Ich bin dankbar, wenn mir niemand Lasten auflegt, sondern mich auf den Ort der Entlastung hinweist. Ein mittragender Kreis hilft. Vereinzelung erschwert. Wie hilfreich ist für mich der Gedanke, daß andere an mich denken, auch im Gebet. Ich bin froh um Freunde und Gruppen, Arbeitskreise und Einzelne, bei denen ich mich aufgehoben weiß mit meiner ganzen Art.

Die Kirche hat mir die Bibel lieb gemacht. Die Psalmen, die für mich das Gesangbuch Jesu sind, habe ich kennengelernt. Darin pulsiert das Leben und Fragen von ganzen Generationen, die die Irrationalität unseres

Lebens Gott darbrachten. Die Evangelien, die Briefe des Paulus, die große Welt des Alten Testamentes wurden mir geöffnet. Ich lernte jeden Menschen von Christus umkleidet zu sehen, sein Herz bewohnt vom Heiligen Geist!

Das bleibt. Das nehme ich mit. Mag diese Kirche noch so unzulänglich, weil menschlich, sein, ich will zu ihr gehören. Ich sehne mich mit ihr nach dem Kommen ihres Herrn.

Und so gehe ich in mein Leben. Getrost für einen Tag. Gelöst für eine Stunde. Die Rätsel und Schrecken bleiben. Ich gehe in diese Welt, wie ich sie kenne, hinein. Dort ist Christus. Die Engel feiern schönere und bessere Gottesdienste. Ich aber will in meinem Gestammel fröhlich weiterfahren, hier auf diesem Erdboden, anno 1977 und später. Er muß sicher ein wenig darüber lachen. Aber der Heilige Geist muß sowieso alles erst übersetzen, was wir zustandebringen, auch an Frömmigkeit. Sei's drum. Ich freue mich seiner Gegenwart hier in unserem Leben.

Inhaltsverzeichnis